海外中国史研究

梁启超

东亚文明史的转换

［日］狭间直树 著

高莹莹 译

北京大学出版社
PEKING UNIVERSITY PRESS

著作权合同登记号　图字：01-2019-0434

图书在版编目（CIP）数据

梁启超：东亚文明史的转换 /（日）狭间直树著；高莹莹译. —北京：北京大学出版社，2021.9

ISBN 978-7-301-31754-9

Ⅰ.①梁…　Ⅱ.①狭…②高…　Ⅲ.①梁启超（1873—1929）– 人物研究　Ⅳ.① B259.1

中国版本图书馆 CIP 数据核字（2020）第 194073 号

RYO KEICHO, HIGASHI AJIA BUNMEISHI NO TENKAN by Naoki Hazama
© 2016 by Naoki Hazama
Originally published in 2016 by Iwanami Shoten, Publishers, Tokyo.
This simplified Chinese edition published 2021 by Peking University Press, Beijing
by arrangement with Iwanami Shoten, Publishers, Tokyo

书　　　名	梁启超：东亚文明史的转换 LIANG QICHAO: DONGYA WENMINGSHI DE ZHUANHUAN
著作责任者	[日]狭间直树 著　高莹莹 译
责 任 编 辑	刘书广
标 准 书 号	ISBN 978-7-301-31754-9
出 版 发 行	北京大学出版社
地　　　址	北京市海淀区成府路 205 号　100871
网　　　址	http://www.pup.cn　　新浪微博：@北京大学出版社
电 子 信 箱	pkuwsz@126.com
电　　　话	邮购部 010-62752015　发行部 010-62750672 编辑部 010-62755217
印 　刷 　者	北京中科印刷有限公司
经 　销 　者	新华书店
	650 毫米 ×980 毫米　A5　7.875 印张　147 千字 2021 年 9 月第 1 版　2021 年 9 月第 1 次印刷
定　　　价	64.00 元

未经许可，不得以任何方式复制或抄袭本书之部分或全部内容。
版权所有，侵权必究
举报电话: 010-62752024　电子信箱: fd@pup.pku.edu.cn
图书如有印装质量问题，请与出版部联系，电话: 010-62756370

目 录

序　章 001

第1章　流亡 009
　　1. 政变与流亡 010
　　2. 来日以前的梁启超 017
　　3. 在东京的活动 026
　　4. 流亡者的自觉 039

第2章　思想 063
　　1. 从夏威夷到澳大利亚 064
　　2. 谭嗣同与《仁学》 074
　　3.《清议报》的功绩 085

第3章　精神 097
　　1.《新民丛报》 098
　　2.《新民说》之公德 109

3. "知"的新领域 129

4. 立场的转移 154

第4章 行动 173

1. 代笔宪政视察报告 174

2. 与革命派的论战 189

3. 国会的早期开设运动 198

终 章 215

附录：梁启超《戊戌政变记》成书考 223

参考文献 239

后 记 244

序　章

梁启超　在波士顿

世界史的近代始于西方的产业革命、政治革命、思想革命，19 世纪，传统的东亚世界被卷入这场浪潮之中。清朝的知识界最先做出反应，日本紧追其后，时代的变革覆盖了政治、经济、社会各领域。对接受不同文明发挥最重要作用的是翻译，为了接受自身本没有的概念，明治日本还创造了大量"近代"汉语。以此为基，西方近代文明在中国也被广泛接受，近代东亚文明圈由此得以形成。其最大的功臣是富有学识的天才型新闻人梁启超。大家应该铭记，是他使我们能够在这片土地上通过母语接受高等教育。

毋庸置疑，有史以来人类历史发生了巨大的变化。任何地域、任何民族都曾经历过石器时代这一点，已经成为常识。此后经历了古代、中世，进入我们现在称为近代的这个时代。这一变化的过程通常被解释为进步及发展的。诚然，对于生活在现在的我们，无法想象没有电、自来水，甚至是汽车的生活。在这一意义上，历史是不可逆的。结果就是地球上的人口在 20 世纪的 100

年间增长了4倍以上，现在已经拥有70亿人口。

近代的定义是复杂的，几乎没有一个定论可以得到所有人的肯定，但是为了使讨论进行下去，首先介绍一下我个人的看法。毋庸讳言，世界史上的近代，在经济上是资本主义的时代，即世界市场与国民经济的时代；在政治上是民权主义的时代，即万国共存与国民国家的时代；在文化上是科学主义的时代，即客观知识与国民教育的时代。换言之，近代是产业革命、政治革命、思想革命的产物。近代化的洪流源自数世纪以前的西方，逐渐席卷非西方地区直至现在。

若以政治指标去理解人类经历的这种生活环境的变迁，从被看作是里程碑的大事件算起，时至今日，英国的清教徒革命尚不足400年，美国的独立战争、法国的大革命仅200年有余，意、德统一不过150年上下。对这期间产业构造的变化或许不需要再特别赘述，但是对思想层面的变化，即思考的基础乃至核心变成"民"，其意义是怎么强调都不为过的。尽管必须承认，这一思想的变化仍然止于理念，距离现实还需要时间。

关于近代的变迁，虽然也没有定论，但基本都认可把1945年第二次世界大战结束看作是一个节点。此后70年，19世纪下半叶到20世纪初的帝国主义全盛时期制造出来的殖民地全部变成

"独立"国家。但这并没有给各国带来发展，相反他们被卷入被称作帝国主义新形式的"新自由主义"旗帜下的掠夺体系，民众生活更加困难。"9·11"以后，国家政权结构也开始动摇，世界愈发混乱。

我们生活的东亚自古以来一直以优秀独特的文明而自豪，但在19世纪中叶它的地位受到巨大冲击。拥有完全不同于以往的异质近代文明的西方诸国蜂拥而来。冲击进一步带来社会的凋零，当意识到唯有吸收西方近代文明才能摆脱困境以后，傲慢的中华帝国也开始了这方面的努力。

那时东邻日本仍稍显落后，东亚世界的中心与东边开始动荡。历史上通过吸收中华文明而发展起来的日本，通过把学习的对象改为西方而奋起，中日两国的地位发生逆转。

细说起来，清朝因在1840年开始的与英国的鸦片战争中失败，才将目光转向西方文明，而日本转变的契机是1853年美国黑船来航。日本虽然最初在信息与知识上依赖清朝，但不久就取得独自的成就并超过了清朝。

虽然有各种衡量标准，但书籍的流通大概是最容易统计的指标。日本有史以来，从5世纪传播的《论语》《千字文》开始，传承了大量的中国书籍，这一点已无需赘言。而18世纪末编纂的可称作中华文明集大成的《四库全书》,虽然收集了约3500种书籍,却只收录了山井鼎《七经孟子考文》等寥寥几部日本人的著作。虽然也有从日本传入中华的书籍,但长久以来,两者之间基本上是一种"中心—周边"的关系。

这种单向的关系从幕末明治时期日本把学习的对象改为西方之后开始发生变化。当然,日本学习西方的性质上不免浮于表面,带有轻薄性,对此亦不需再列举夏目漱石等人的批评来证明。但是,这种特点在任何接触异文化的地方都可以见到。

甲午战争时据东京书籍商组合的目录统计,日本出版的书籍已经上万。康有为就是根据这一目录,在1898年出版了《日本书目志》[1],其中收录了7000多条书目。康出版这本书的目的是提供学习用的参考目录,所以该书的出版本身即真实体现了两国地位翻转的情况。

从吸收文明这一角度来看,尤其需要注意的是译著,因为翻译需要对应的词汇。其他文明中的事物、概念多为本文明所未有,但却需要用自身的词汇译出。西周、箕作麟祥等一批人翻译

---

[1] 王宝平「康有为『日本書目志』出典考」、『汲古』第57号、2010年;王宝平:《康有为〈日本书目志〉资料来源考》,《文献》2013年第5期。

西学著作使用的是汉语表达，拥有几千年历史的古汉书、汉语被积极调动起来，用于日本的西学著作翻译。不可忽视的事实是，这一行为本身乃建立在亚洲孕育的文明基础之上。那时，古汉书、汉语的核心是儒学，不过需要注意的还有已经中国化、日本化了的佛教，也为翻译西学发挥了重要作用。需要事先说明，《朱子学》的术语有时还用于指称近世新儒学（Neo-Confucianism）等，应用非常广泛。兰学虽然是日本吸收西学的重要诱因，但吸收西学的基础依然是汉学。

这种情况下，无论汉书、汉语多么丰富，都不可能有足够对应的词汇。当带有这种"偏差"的词汇固定下来，翻译的条件就具备了。这些词汇不论是借用、转用，还是新造，以时代性而言，皆为"近代"汉语；以空间性而言，基本都是"和制"汉语。日本以中华文明的成就为基础吸收西方的近代文明，近代世界由此扩展至东亚。"近代东亚文明圈"基本形成。

在把这一初步形成的"近代东亚文明圈"引进中华文明的大本营，并发挥决定性作用的人，是本书的主人公梁启超。梁启超生于1873年，殁于1929年，其生活跨越了日本的明治、大正时代及昭和初年。自戊戌变法爆发的1898年开始到1912年，十四年间，梁启超作为清政府的通缉犯流亡日本。这时期处于甲午战争和第一次世界大战之间。期间，他努力汲取明治日本积累下来的新知识，为把中国改造为立宪的国民国家而不懈奋斗。

在流亡生活开始以前，1890—1898年间，梁启超作为康有为的弟子从事变法维新的活动。辛亥革命后，梁启超于1912年回国，至1920年，他历任"司法总长""财政总长"等，深度参与到现实政治中。1920年他从政界隐退，全身心投入到文字工作及教育活动中，留下了大量的文章，直至57岁（虚岁）去世。

梁启超天资过人，活动范围极为广泛，仅在他号召的"革命"领域，就涉及学术、思想、经学、史学、文字、文学、诗、曲、小说、音乐等人文、社会科学的大部分领域。他不但在以上各个领域取得了令人瞩目的成就，还为开辟图书馆学、新闻学等新领域做出了卓著功绩。

其中，他作为有学识的新闻家的政论活动，尤其在《新民丛报》这类学术政论杂志上发表的文章最受人瞩目。它们对中国留学生、知识分子产生了莫大的影响，为中国思想史打下了转变范式的基础，梁启超由此成为近代东亚文明圈形成过程中的重要功臣。

近代东亚文明圈形成以后，日本和中国可以用本国母语进行高等教育。这具有极为重大的历史意义。梁启超文章的影响波及汉字文化圈中的韩国（朝鲜）、越南，但第二次世界大战以后各国采取的对策却各不相同。

本书将探寻梁启超流亡日本时期的思想与行动轨迹,希望通过分析梁在《清议报》和《新民丛报》上发表的文章,详细阐释他在近代东亚文明圈形成过程中发挥的作用。

第1章 流亡
——"思想为之一变"

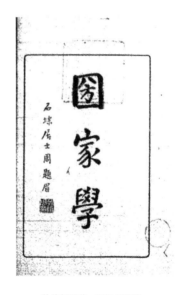

伯伦知理著,吾妻兵治译:
《国家学》,善邻译书馆,1899年刊。

日本在甲午战争中的胜利震惊了世界各国，受冲击最大的是以天朝自居的清朝的知识分子。他们把失败的原因归咎于政治体制的不同，认为是专制被立宪打败了。于是光绪帝开始戊戌维新，却因西太后发动政变仅100多天便宣告失败。为躲避政变而流亡日本的梁启超，在日本支持者的帮助下开始活动。但他受到日清两国的外交压力，痛感身为流亡人士的悲哀，遂决心从了解"国家之学"开始重新出发。伯伦知理（Bluntchli Johann Caspar）的学术被认为有益于明治日本的国家建设，不过他学习的是吾妻兵治从日译本翻译过来的中文版《国家学》。梁称"思想为之一变"的核心部分，即在理解了国家之学的基础上确立国家主义。

1. 政变与流亡

1898（明治三十一）年10月21日，梁启超在日本支持者的带领下踏上东京的土地。当晚，他住在车站附近的三桥旅馆，次日搬至日本支持者准备的早稻田鹤卷町的租处。从此，这位在中

第 1 章 流亡

国思想近代转变中发挥了最重要作用的天才新闻家开始了在日本的流亡生活。

梁启超回国是辛亥革命以后的 1912 年 9 月，也就是说，他作为流亡者在日本生活了约 14 年。在此期间，1899 年末之后的一年多，他曾前往夏威夷、东南亚、澳大利亚，1903 年几乎整年都在美国，不过这些海外活动都以日本为根据地。

到达东京的时候，正值 9 月 21 日戊戌政变过去一个月。发动政变的西太后把光绪帝软禁在西苑的小岛上，以皇太后之尊第三次执政。西苑位于宫城（紫禁城）的西侧，是一所极大的庭院。西太后在那以后的十年间一直是清朝政权的最高掌权者，1908 年光绪帝去世的第二天，她在把溥仪推上帝位之后驾崩。溥仪时年三岁，三年后因辛亥革命而退位，是世人皆知的末代皇帝宣统。

中国历史上，坐上皇帝宝座的女性只有唐朝初期建立"周"的武则天。西太后则是让皇帝位居宝座，自己隐身在帘子背后处理政务，即"垂帘听政"。

梁启超在政变当天来到北京的日本公使馆接受保护。公使馆地处天安门东南一公里左右，当时负责接待的是代替归国公使矢野文雄的代理公使林权助。9 月 26 日，日方惊险躲开清朝官兵的警戒，把梁转移到停泊在天津海域的日本军舰大岛舰上。半个月后，待接班的军舰来到天津，大岛舰于10月11日离开停泊点，五天后到达广岛县宫岛，又过了五天，梁启超才抵达东京。

被称作"百日维新"的戊戌变法，对清政府而言是光绪帝为改革王朝政治开展的一大改革事业，始自1898年6月11日颁布的《定国是诏》。当时主流思想认为清朝在甲午战争中的失败，是败给了重生为立宪国家的日本，这一认识促使皇帝决心维新。6月16日，皇帝召见不断上奏痛陈必须变法的康有为，提拔他为自己的亲信。

梁启超作为康有为的弟子参与了维新事业。虽然身份不高，但他在7月3日受到皇帝召见，被任命为即将成立的京师大学堂（后来的北京大学）的下属机构"译书局"的负责人。就在他恪守职责，努力完善翻译洋书的条件时，遭逢政变。但是，在此之前，他已在《时务报》等报刊上十分活跃，享有高举新思想大旗鼓吹改革之政论家的盛名。《时务报》是维新派1896年在上海创办的旬刊，以"启发民智、开风气、助变法"为宗旨，论调新颖，风靡一时。

政变摧毁了梁启超的一切。软禁光绪帝的西太后首先要去抓捕康有为，未果，因为康有为恰好在政变的前一日离开北京到了上海。在英国的保护下，康有为从上海前往香港，开始了流亡生涯，最后在宫崎寅藏（滔天）的帮助下来到日本。

在日本公使馆及军舰内的生活，完全切断了梁启超与老师康有为的联系，是其前所未有的崭新的活动体验。梁启超在大岛舰内开始的第一项政治行动，是9月27日写信给伊藤博文、林权助，请求他们援救光绪帝。伊藤辞去首相后访问清朝，当时正在北京的日本公使馆内。虽然在梁看来，要求援救光绪帝是很自然的事情，但由此也可以看出他并不特别理解向邻国请愿寻求针对本国政府的对策意味着什么。

补充一句，梁启超在请愿书的文末提到了从宽处理还在狱中的同志谭嗣同，但是西太后在政变仅一个星期之后，于9月28日极为特殊地未经审判便在北京的繁华街道公开处死了谭等六人。普遍认为，这是因为戊戌维新是皇帝开展的，如果审判就必须审议他们与皇帝的关系，这恐将动摇清朝统治的根基。六人是谭嗣同、杨锐、林旭、刘光第等四位担任皇帝秘书职的人，以及替死鬼康有为的胞弟康广仁、政变后公然批评西太后掌权的杨深秀。

1875年驾崩的同治帝是西太后的亲生子。同治帝没有子嗣，西太后选的继承人光绪帝是同治帝的堂弟。在父子继承的清朝，这一举措前所未有，是西太后为了保持继续干政的"太后"地位而提出的无理要求。面对年仅4岁登基的光绪帝，她利用太后的地位"垂帘听政"，直到1887年皇帝17岁时才允许其亲政。不过十余年后，又再次"垂帘听政"。杨深秀的奏折戳痛了太后最不愿触及的要害。政变后，其他多数人被处以流放、免职等处罚，只有上述六人被处死。

话说回来，9月4日光绪帝曾以妨碍维新派上奏之罪罢免了礼部尚书、侍郎等六人，次日提拔谭嗣同等四人为秘书职"军机章京"，巩固了开展维新的体制。"军机"指军机处，是直属皇帝掌管军事、行政的最高机构。该机构有几名军机大臣，再下面只有秘书职"章京"，故军机章京的地位非常特别。

礼部乃直属皇帝的中央官厅，为"六部"之一。六部指的是吏、户、礼、兵、刑、工六个官厅，吏部管人事，户部管财政，兵部管军事，刑部管司法，工部管建设，是一个虽然不十分完善，但也包括了当今三权中的行政、司法两权的机构，起源自古老的唐代。所以到了近代，制定宪法，组织国会，建立反映国民意愿的立法部门就成为执政者面临的课题。

礼部是负责实施科举的重要官厅。众所周知，科举是为皇帝统治选拔官员的考试。早在一千多年前，中国就制定了不限家世，根据个人能力选拔人才的特殊制度，这一点需要被铭记。异

第 1 章　流亡

民族王朝清朝，在一些重要的职位上同时任命满族与汉族，所以领导由长官各 1 人、次官各 2 人，共 6 人组成。6 人同时被拿下，在任何人看来都是震惊保守派的严厉措施。

清朝特殊的官厅是军机处，该机构是雍正帝为有效实施皇帝独裁政治而特设的，所以它的秘书职特别重要。谭嗣同等四人在政变之前的半个月内并没有在推动变法上发挥什么实质性的作用，但是维新派各位被提拔任秘书职这件事本身，就足以令保守派确信皇帝是真的要改革朝政了。以西太后之名发动的这场政变从正面粉碎了皇帝的意图。

皇帝与维新派的力量很薄弱，西太后与保守派发动的政变几乎取得了压倒性的胜利。然而，被处死的六人成为维新变法的象征，不久就被冠以"戊戌六君子"的称号。在儒教看来，正如其别称名教，没有比死后被称作"君子"更为光荣的事情了。因大逆罪而被处死的人竟能被称作"君子"，说明时代风气已然发生巨变。

在日本军舰中生活的 20 多天，对梁启超深化思考具有不可替代的意义。军舰中他读了东海散士的《佳人之奇遇》，为其倾倒。他注意到政治小说在宣扬自由民权思想中的效果，后来自己也开始撰写《新中国未来记》等文章。

他为如何在日本活动而苦思冥想，作长诗（乐府）《去国行》。诗中，他称在未报答皇帝之宠爱，未替友人报仇之前就死，非英雄之道，流露出流亡者的心境。

> 不幸则为僧月照，
> 幸则为南洲翁。

南洲翁为西乡隆盛，月照原为清水寺住持，献身于尊王攘夷运动。西乡与月照在1858年12月，为躲避奉幕府之命前来追杀的萨摩藩侯而跳入鹿儿岛湾自尽。月照死了，西乡活了下来。现在的说法是，死去的月照为促成维新发挥了作用，而活下来的西乡使维新得以成功，讲述的是明治维新版生者与死者分工合作的故事。

西乡隆盛在日本颁布宪法时受特赦，除掉了"逆贼"污名。就在那时他的铜像在上野公园落成，人气变得非常高（揭幕仪式是1898年12月18日）。梁启超对于西南战争的经过了解多少尚不清楚，但他知道西乡与月照的故事。也就是说，梁启超把谭嗣同比作月照，把自己比作西乡，希望以此让日本人了解其在中国"维新"中的作用。补充一句，后叙《新民丛报》上登出的作为模范的世界名人像，第一个日本人就是第 7 号刊登的西乡（图 1）。同一期，还有福泽谕吉的照片，在西乡的下面。

《去国行》刊登在 1898 年 11 月 1 日《日本》的汉诗专栏。《日本》是以陆羯南为中心，宣扬日本主义、国民立宪主义的一份有势力的政论报纸。该报曾非常积极地支持清朝的维新，为扩大支持者的范围，这一时期向日本人介绍流亡者梁启超的心情。其时，汉诗专栏的评论人桂湖邨盛赞称："蒙难去国，其志悲怆。今读该作，感动怆然，沉痛刺骨。"

图 1 西乡隆盛，《新民丛报》第 7 号卷首

2. 来日以前的梁启超

梁启超 1873 年 2 月 23 日出生于广东省新会县农村。[1] 家境为中农上层。父亲科举落榜，在村里作私塾先生。梁启超 5 岁便跟

---

[1] 有关梁启超经历的普通事项，皆出自丁文江、赵丰田编《梁启超年谱长编》共 12 册，上海人民出版社 2009 年版，以下注释从略。

祖父与母亲学习四书、《诗经》，6岁跟随外面的先生学习五经。六七岁时便能创作极为复杂的对子，才华尽显。要通过科举，必须具备作诗作文的能力。作诗的基础从作对子开始，作文要用不同于口语的古文，需要特别的训练。梁启超学习后，早在12岁就成为"生员"。

所谓生员，是被承认拥有作为国立学校学生的资格，拥有了特权阶级"士"的身份。在中国，士在庶民（农、工、商）之上，不同于日本，与家世无关，凭能力测试科举进行选拔。也就是说，所谓士，是被证明拥有在"天下"担当政治伦理和文化资格的存在。

学校，也不像今日须每天到校学习，简单点说，是一个有资格接受上级考试的人的学籍保管机构，更是有学识的人的社交场所。生员也有各种考试，优秀的人可以接受上一级考试"乡试"。乡试合格，就是"举人"，竞争激烈难度大。梁启超于1889年17岁便成为举人是非常早的个案。后来成为梁启超老师的康有为36岁（1893年）才中举，年纪上梁比康中举早了大概20岁。

当时，拥有举人资格的约2万人。要通过考试，需要具备儒家的古典知识，背诵和熟练使用《论语》《孟子》等四书和《易经》《诗经》等五经，字数上约45万字。加上《史记》等史书，不同的人还会把其他一些古典列入阅读的范围。弱冠17岁的举人，在今天不过是高中一年级学生的年龄，但是梁启超对传统文化的知识了解的已经广泛且深入。

虽然成为举人之前的速度可以说是最快，但他却在1890年的"进士"考试（会试）中落榜，此后又接连于1892年、1895年两次（科举基本上每三年举行一次，有时会有临时的加考，即恩科）挑战都没有成功，之后就开始流亡了。虽然比较有倾向性的说法是保守的考试官有意抵制而使其落榜，但考虑到进士及第的概率在15∶1左右，所以几次落榜都不奇怪。而康有为在中举后不久，于1895年成为进士。据说当时进士的总人数不到3000人。

梁启超在13岁时就对训诂学感兴趣。他15岁进入广州的著名私塾学海堂，在那里认识到训诂词章之学才是真学问，开始努力学习。所谓训诂，乃清朝极为兴盛的考证学；词章指的是作诗作文，据说梁启超喜欢汉末魏晋的文章。学习需要有私塾，并且必须是有声望的私塾。阮元创办的学海堂乃广东的最高学府，梁是那里最优秀的学生。他成绩好还有奖学金，可以按照自己的意愿购买图书，所以其少年时代一帆风顺。

但是，就在还没有厌倦当时的这种流行学问时，他遇到了康有为（图2）。18岁（1890年）那年，梁启超赴京参加会试，落

图 2　康有为

榜后,他认识了康,听其学问后心生佩服,成为其弟子。次年,康有为在广州的万木草堂开课讲学,讲述"中国数千年来学术源流、历史政治、沿革得失",与万国比较后加上自己的论断。梁启超日后回忆道,"一生学问之根底"皆在此年所得。梁启超对康有为,此后虽然在不同时期的接触方式有所不同,但终其一生保持了师徒之谊。两者近40年的关系极为复杂,因此本书仅作为一个基本问题点到为止。

康有为的学问根底自然是儒学,不过属于清末新兴的"今文学派"。简言之,是从《春秋公羊传》的解释而创造的一种发展史观,据此阐释符合孔子之教的中国改革之路。刚见面的时候,康从早到晚高声批评"数百年来无用之旧学",把梁启超的教养基础攻击得体无完肤。梁启超听得后脊发凉,受到了极大的冲击,据说当晚未能成眠。

次日晨,梁启超问起学问之方针,康有为提到陆象山、王阳明的心学(阳明学),以及中国引以为傲的史学与当时正显露轮廓的"西学"概要,梁启超为之动心,遂入康有为门下。康所说的陆王心学指的是,不仅在脑子里理解事物,还需要全身心去接受并付诸行动,正是梁经常说的,自己的夙愿在于"救济众生"。

康有为、梁启超一举成名是因为1895年的"公车上书"。甲午战争败给了在中国看来不值一提的日本,不仅出乎意料,传来的讲和条约,内容也极尽屈辱。为参加会试上京的康有为指挥弟子们呼吁"公车"(举人的雅称)上书反对讲和。昔日鸦片战争中割让给大国英国的只一个偏远小岛香港,而此次战争,小国日本却要夺走辽东半岛和台湾。仅台湾就已经是香港的数百倍,再加上辽东半岛,乃扼北京咽喉之要塞,的确是前所未有的屈辱。辽东半岛在俄法德三国的干涉下,以3000万两白银"赎回"的形式躲过了被割让的命运,但这又引起了另外一种屈辱感。

上书递交之前,讲和条约已签字完毕,所以康有为等人的行动,作为运动没有产生实质的效果。但是,在知识分子集体性政治行动一直遭禁的清朝,却破天荒发生了举人这一拥有较高社会地位的人干预朝廷政治的事。束缚一旦松懈,风气即遂之而动,以此为机,知识分子参与政治的风潮从此得到发展。活动首先围绕开"民智"、雪"国耻"展开,新的社会组织开始形成。

为了认清中华在世界上的现状，探索改革落后状况的方针，维新派组织学会，开办学校，发行报刊。从甲午战争到戊戌维新的三年间，以维新派为中心结成的组织中，学会高达30多个、学校50家以上、报刊50种以上。

比如，康有为在北京和上海组织了强学会，1896年1月创办了《强学报》。强学会是为变法维新的结社，为中国改革运动的滥觞。梁启超等人在上海创办的《时务报》，以"启发民智、开风气、助变法"为宗旨，呼吁改革时弊与引进西学（科学），更具体地提出了改革科举与设立学校，开风气之先。创刊号的卷首是署名梁启超的论说《论报馆有益于国事》，"报"包含了日本所说的报纸与杂志。

《时务报》的文章中最引人注目的是梁启超的《变法通议》。虽然构想宏大，但其中包含了几篇"学校"类与"商务"类的文章。学校类有9篇，从篇名《科举》《学会》《女学》《幼学》《译书》等可见，其论述的是改科举、兴学校、培养人才等当时知识分子比较容易理解的内容，以此作为变法的具体办法。倡导科举之改革，是因为通过科举而获得的知识仅限于对儒学古典的理解力，与西方的科学相比不仅过于狭隘，而且也不符合现代世界的要求。

第 1 章 流亡

商务类只有《金银涨落》一篇,论述的是金本位制的强国统制了世界贸易,使银"本位"的中国蒙受损失,充分体现了梁启超对经济方面的关心与知识。虽然梁称这些文章是对康有为思想的"概述",但这应该放在课题发现的层面上来定义。这些光彩陆离的文章备受江湖欢迎,使梁启超的文名马上超越了他的老师。因理解改革而风评甚高的地方政府大官张之洞欲以破格之年薪雇佣他即可证明这一点。《时务报》的发行量据说很快便达到12000份。这个量已经非常厉害,且当时的杂志多为传看,所以其影响力应远超发行量。《时务报》超乎寻常的流行,有力地说明了知识分子意识的高涨,即时代的变化。

在学会、学校、报刊上开展的讨论几乎涵盖了政治思想、社会生活的全部,而时代议题的核心是通过"变法""改制"把西方近代思想引入中国。对维新派来说,变法、改制就是承认西方近代的优越性,并向其看齐。

在这一潮流中,尤为引人注意的是对大统领制的高度评价。当时President的译词"民主"是与"君主"对应的词汇,进一步说,是"民为主"的意思。高度评价是因为在大统领制中,民间的贤者通过百姓的选举产生,且在任期结束时重新回归为普通民众。这与血统主义的"君主"大相径庭。因此,皇帝等"君主"被评价为"私",人民的代表"民主"被评价为"公"。[1]当与统治阶级结合在一起的"公"下台,被统治阶级希望能够掌握它。虽然这种想法还很抽象,但显然是体现时代思潮变化极为重要的现象。

上海与北京相对特殊,地方上比较活跃的是改革派占据省上层领导的湖南。各省长官(总督、巡抚)等上层官员虽然由朝廷任命、派遣,但在任职地方的施政非常自由。湖南的陈宝箴(巡抚)、黄遵宪等人对开展新政非常热心,1897年11月高等教育机构时务学堂创办,核心推动者之一就是前述在政变中被处死的谭嗣同。时务学堂教授中文(中国的学问)与西文(西方的学问),中文总教习梁启超利用中国的材料阐释西方的新思想。他每天的上课时间为四小时,晚上在学生的读书笔记上写评语,专心于思想教育。时务学堂虽然只有40多名学生,但它是中国近代化的发源地之一,拥有巨大的意义。

举例来说。按照《孟子》的王道、霸道思想,中国历史上的君主中并没有与"王者"相符的人,虽然时有"霸者"出现,但其他都只是"民贼"。所谓"臣"是为民工作的,2000年来却沦为"君"

---

[1] 梁启超:《与严幼陵先生书》,《饮冰室合集》文集1,第109页。梁启超的文章基本引自《饮冰室合集》中华书局1991年影印本,下同。

第1章 流亡

的奴隶。相反，华盛顿才是具备称"王"品德的人物，美国的政治是第一善政。世界政治应依据"万国公法"，尊重"民权"的国家不会灭亡。

梁启超的说法是，按照儒学定理，正确照顾"民"之生活的人为"王"，所以远离中华，创造了富裕安定社会的西方政治才真正实现了王道，要向其学习。梁启超认为万国公法的目的是维持国际秩序，由此亦可了解他已建立起世界中的中国这一国际视野。

所谓"万国公法"，是 International Law 的译词，当时是在世界万国通用的、公正的根本性法规这一特殊意义上使用的。也可以说"万国公法"一词是接触了西方近代文明的东亚世界自己创造出来的一种反射过来的理想。日本学者佐藤慎一指出，万国公法在当时被看作可以实现太平大同世界的公理的体现。

梁启超后来回忆这段历史时称，他在湖南进行了"精神教育"，也自称宣传了"革命思想"，鼓吹了"民权"。从反对派留下的史料可以明确看出，否定君权鼓吹民权遭到了保守派的猛烈攻击，称将引起天下大乱。其宣扬的内容虽然只是抽象地表达了对西方近代孕育出的果实的向往，但可以确定梁启超在当时已经将"民"作为基础来思考问题。

3. 在东京的活动

梁启超最初在东京的生活，包括住处，全部都是日方提供的。到东京一周后，在 10 月 28 日写给夫人的信中，他称受到"彼国政府的保护"，备受礼遇，衣食住没有任何不便，一个月后又写信称"皆日本国家所供给，未尝自用一钱"（《年谱》第 167、169 页）。其实是柏原文太郎等人的照顾极为周到。日本支持者立场多样，政党中他与犬养毅等人的改进党派，亚洲主义团体中他与福本诚（日南）、井上雅二等人的东亚会派关系密切。

当然这只是最初的情形，还有一点无需赘言，即梁启超用文笔支撑了自己的生活以及党派的活动。来日以后，梁启超的住所及出版用的场地基本都在华侨城市横滨，不过其频繁往来于东京，所以除非必要，在此不做严格区分，全写成东京。1906 年，他搬到仅次于横滨的华侨城市神户，因此在东京 8 年，神户 6 年。十多年在日本的流亡生活，他最重要的支撑力量就是在日华侨。

1900 年在日华侨的总数约 6000 人，其中近一半在横滨，剩下的一半集中在神户。当时，全世界华侨总数据估计约 600 万人，在日华侨在数量上还不及小数点，所以并不成气候。但是，他们的文化力量却有高于其他地区之处。

最主要的是小学的建设。横滨华侨 1897 年秋决定创办小学，邀请康有为派教员过来。这大概是因为广东人的地缘关系，还有对呼吁改革名流的崇拜。康有为答应了邀请，派徐勤等四人前往。徐是其重要的亲信，可见康有为也极为重视横滨华侨的请求。

次年春天，名为"大同学校"的小学开学。不久之后，校舍在横滨居留地落成，比英国人的还要气派。开学典礼在稍晚之后的1899年3月盛大举行，迎来犬养毅作校长。典礼上，日本前首相大隈重信等诸多名流出席。教员7人（其中日本人1人），学生有110人之多，其中女学生40人，令人惊叹。同年8月，又在东京创办了高等大同学校（柏原文太郎任校长）。当年的5月，梁启超曾在神户为创办小学而活动，1900年3月，今日的同文学校迎来了犬养毅作名誉校长后开学。

梁启超在湖南时务学堂时期的学生蔡锷等人曾在东京的高等大同学校学习，不过数年后该校便停办了。虽然该校的教学水平肯定不高，也不会有多好的生源，但需要看到，它的设置实现了在初等学校之上建校的设想，体现了梁启超等人教育构想的先见性。其所具备的"知识"的射程，已是当时最先进的。

梁启超的流亡生活在此事所象征的文化基础之上得以开始。教梁启超日语的东京专门学校（现在的早稻田大学）留学生罗普、帮助其出版报刊的英国籍文经商店老板冯镜如（英文名：F. Kingsell）等人就是其中最好的例子。冯成为后叙《清议报》的"发行兼编辑人"，其弟冯紫珊成为《新民丛报》的"编辑兼发行人"。清议报社、新民丛报社都在横滨的居留地。

顺便提一句，孙文1895年创办的革命宣传册《原君原臣》，帮助印刷的也是冯镜如。《原君原臣》（君为何，臣为何）省略了黄宗羲《明夷待访录》的开头两章，说的是君、臣都是为帮助民众生活而存在的，所以孙将其作为革命思想的宣传品。此后热衷于卢梭《社会契约论》的梁启超，挖掘中国的民权思想，将黄宗羲表彰为"中国的卢梭"。

不过，到达东京的梁启超首先做的努力是为恢复光绪帝的权力而欲得到日本政府的帮助。早在10月26日，梁启超即致信时任首相兼外相的大隈重信，他的信名为"乞救援清皇书"。[1]

该信把西太后的政变大致定位为国际上乃英俄之争、国内乃满汉之争、思想上乃新旧之争的结果，在此基础上分析了有关维新的政治情况，阐明了其历史性质是皇帝与太后的冲突，是这些

---

[1] 『日本外交文書』第31卷第1冊、601文書。写给其他权要、机构的同一目的的信函刊登在《东邦协会会报》第53号、《东亚时论》第1号、《日本人》第80号。

第1章 流亡

矛盾的结合。梁启超还比照日本维新,把皇帝比作天皇、太后比作将军,希望日本救援光绪帝,帮助清朝维新成功,称这不仅有利于清朝亦有利于日本。他称中国的不安定将影响东亚的安宁,提出中日共同的发展方向,请求两国联合行动。这个想法是他基于当时的政治环境,在慎重考虑了国际环境之后提出的,目的是实现营救光绪帝的政治目标,这一点值得探讨。

日本最早的政党内阁,大隈重信与板垣退助的联合内阁(隈板内阁)在当时岌岌可危,11月8日,大隈首相下野,所以当时无法认真对待梁启超的要求。但即便是在平时,恐怕大隈也不会迎合梁启超之意。为了帮助流亡者,去和掌握北京政权的西太后正面冲突,这对日本当政者来说是没得商量的。

没过多久,梁启超亦向副岛种臣、贵族院议长近卫笃麿等政界要人寄去了同样的请求信函。副岛、近卫同时也是亚洲主义团体东邦协会、东亚同文会的领袖。东邦协会创办较早,在1891年。东亚同文会正是1898年11月2日由东亚会和同文会合并而成,此后的近半个世纪里,在日中关系史上留下了重要的足迹。梁启超的信,应该有相当多的人看过,但日本政界的上层人士无一人做出反应。年轻的媒体人内藤虎次郎(湖南)在《万朝报》上提出应帮助清朝维新派流亡人士,这一点需要留意。

此时日本国内的亚洲主义团体,东京有4个,其他如大阪、神户也有同样主旨的团体在实际活动。其中构成东亚同文会一派的东亚会制定会则"辅佐光绪帝,允许充当变法自强之局的康有为、梁启超等人入会",开展了支持维新派的实际活动。除却"允许入会"云云是根据后来整理而成的文字不说,应支持维新派改革的风气在当时占据了相当的优势。在大阪,山本宪(梅崖)、康有仪等组织日清协和会,帮助梁启超等人;在神户,桥本海关、韩文举等人每每在《东亚报》上发声。

发生在东亚同文会机关刊物《东亚时论》(半月刊)的一连串事比较清楚地反映了当时的情况。该杂志的创刊号于1898年12月13日印制完成,上面刊登了梁启超的两篇文章和康有为的诗。梁启超的文章即前述写给近卫请求救助光绪帝的信和向日本人阐释从戊戌维新到政变经纬的文章,题为《论支那政变后的关系》。后者是梁启超为反驳部分日本人强烈批评变法失败是因为过于激进写的。梁从自身视角梳理了事件经过,称维新派的政策有条不紊,失败完全是因为保守派的暴力。

《论支那政变后的关系》针对中国读者重新调整后,比《东亚时论》稍晚,于12月23日发表在梁启超创办的《清议报》上。该文后来收录在单行本《戊戌政变记》中,被看作了解戊戌维新、政变的第一份基本资料。

接着于12月末出版的《东亚时论》第2号，卷首梁启超题字"支那大侠浏阳谭君遗像"（浏阳为谭的出生县名）下面，是占整页的谭嗣同半身像（图3），背面是梁启超的悼词和康有为等人写的悼念诗。"侠"指的是依道义扶弱抑强之人，梁称赞谭为"大侠"，可见在清末时颇流行把这一词用于受人尊敬的形象。把被西太后处

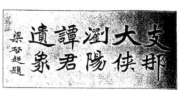

图3　谭嗣同，《东亚时论》第2号卷首

死的人称赞为"大侠"，方向性很明显。另外，《东亚时论》的第2号还刊登了后来被整理成《戊戌政变记》的几篇文章。因此，该杂志尽管也批评西太后，但其表彰烈士谭嗣同，自然会被看成是为支持康梁派现在思想与行动而创办的刊物。另外，"支那"一词，当时汉族知识分子颇喜用之于称呼清朝版图。

然而，在上海的东亚同文会会员白岩龙平收到《东亚时论》创刊号后，大感吃惊，因为这样该刊就变成为康梁派做宣传的杂

志了。白岩是一名在中国经营汽船业的实业家,所以在他的立场上认为必须充分考虑与清政府之间的关系。白岩龙平后来担任东亚同文会的理事长,成为该会要员。他向近卫笃麿进言,希望《东亚时论》马上与康梁断绝关系。[1]可以想象,这之后再次收到登有谭嗣同半身像的第2号时,白岩龙平该有多么震惊。

贵族院议长近卫笃磨赞同白岩的意见。他"同意"了,作为会长向相关编辑人员做工作,该杂志第4号(1899年1月25日)之后就再也没有刊登过康梁的文章。东亚同文会会员对维新派流亡人士的矛盾态度,在思想感情上的分歧可谓正反两极,所以机关刊物对此一定会有所反映。关于这一问题,以及近卫采取的一系列行动带给梁启超怎样的影响,将在下节涉及。

话说回来,在宫崎寅藏(滔天)的活动下,流亡日本的康有为于1899年10月25日深夜到达东京。师徒相遇,一般来说,对双方都应是好事,但对此时的梁启超来说,貌似只是增加了麻烦。据宫崎观察,康有为"当时犹醉其声名,醉于皇上之知遇"

---

[1]　『近衛篤麿日記』第2卷、231頁。关于白岩,可参见中村義『白岩龍平日記—アジア主義實業家生涯』,研文出版、1999年。

的状态。[1]受提拔而成为大清帝国变法维新的"指挥",虽不免会自我陶醉,但最后却拼命营造一种集皇帝信任于一身的大人物的形象,情况恐怕就乱套了。

今天遗留下来的这方面史料中,重要的是康有为12月上旬印发的《奉诏求救文》。那是一个大时代的产物,把自己比作要从武则天"篡位"中恢复唐朝的张柬之,面对日本,担负起向秦廷哭求救援的楚国申包胥的责任。该文章连篇累牍用"先帝(咸丰帝)之遗妾""淫乱之宫妾"等词,痛骂西太后为恶逆无道的篡夺者,其粗俗让以往不少心怀"多少之同情"的人士,甚至包括内藤湖南在内都感到"不快"。

这与康有为的自大妄想背道而驰。在他散布的谣言中,甚至还称大隈首相曾前往东京站迎接他。如此造谣,或许因为康有为自诩皇帝师傅而无法摆脱与日本政界高层平级的骄傲心态。曾根俊虎这个认真的日本支持者曾向康有为痛陈仰赖大隈之不利,但康完全不听他的劝解,这大概也是因为他心中自负,不屑于听地位较低人的意见。曾根是亚洲主义团体兴亚会的创办者,是联系

---

[1] 宮崎滔天『三十三年の夢』,197頁。下文中的《奉诏求救书》,参见『日本外交文書』第31卷第1冊、616文書。

孙文与宫崎寅藏的重要人物。

　　这已经够麻烦了，但还有一个问题是他为了证明自己立场与主张的"正确"，竟然伪造史料。前述文书《奉诏求救文》的文末附有7份史料，经黄彰健考证皆是伪造。[1]伪造的方法包括在真件上做手脚和完全捏造。7份伪造史料关键的地方，前者之例有在光绪帝写给杨锐、林旭的密诏中加上康有为的名字，后者之例是凭空捏造了六君子之代表谭嗣同写给康、梁的遗言。为了让谭嗣同的遗言具有可信性，他假作成把日本报纸上的报道披露在自己的机关刊物《知新报》上，手法极为巧妙。

　　《知新报》上刊登的《清国殉难六士传》，出处写的是"译自11月27日之日本东京报"。"日本东京报"指的是陆羯南在东京创办的、前文提到的报纸《日本》。刊登在《日本》上的是上海《亚东时报》发表的传记（中文）之训读体。《亚东时报》的总编为乙未会的山根虎之助，1898年6月他为支持维新派变法在上海创办了中日文并用的政论杂志。乙未会是一个可称得上是东亚同文会上海支部的组织。

---

[1]　黄彰健：《康有为衣带密诏辨伪》，《戊戌变法史研究》，台北，"中央研究院"历史语言研究所1970年版，第452页。另参见狭间直樹「譚嗣同『仁学』の刊行と梁啓超」。

《知新报》刊登的是重新译成中文的《日本》训读体版的传记,但中译时却加入了伪造出来的谭嗣同写给康有为和梁启超的遗言。这是只有在上海——东京——澳门三地,要靠中文、日文文书交织的时代才会有的把戏。伪造的谭嗣同遗言,写给梁启超的约170字,写给康有为的约100字。内容都是自己(谭)牺牲之后,希望活下来的人把西太后从政权宝座上赶下来,全力拥护皇帝。梁启超应该没有积极从事这一伪造,这一点将在稍后论述。

伪造在政变中被处死的同志的遗书,这种连想都不敢想的行为,康有为却敢做,因为他想利用烈士谭的令名,强化政治性立场。康有为在上是得到光绪帝信任的重臣,在下是受到政变牺牲者们敬佩的重要指挥者,但从此事自可认清其为人。对康有为而言,撰写文章的规范,是以如何有效实现眼前主要课题为主的。另一份著名的康有为伪造文献是1911年出版的《戊戌奏稿》,其着眼点在于夸耀自己的先见之明。

梁启超在横滨创办政论杂志《清议报》,如前所述是1898年12月23日。从此,他在日本拥有了自己的舆论机构。至1901年12月,此间三年共出版了100期。因是旬刊,由此可判断几乎每期都按时出版。其自称发行量最初为3000份,不久即超过4000份,对比后来《新民丛报》创刊号2000份的发行量,这一数字应该有所夸大，不过应该超过了1000份。目标读者群不仅包括海外华侨，还包括清朝国内的知识分子。清朝国内的销售处，比较明显的是利用日本人经营的报刊社和西方人的教会。

《清议报》的宗旨是以下四项。

（1）维持"支那"之清议，激发国民之正气。

（2）增长"支那"人之学识。

（3）交通"支那"日本两国之声气，联其情谊。

（4）发明东亚学术以保存亚粹。[1]

坚持在政变中已被摧毁的"清议（清高的议论）"，为维新变法以提高国民的"正气"，是活下来的维新派人士的优先任务，知识的提高是开展这些活动不可动摇的基础。虽然很明显互通两国"正气"是为了拯救皇帝，但将其与学术之表彰相联系，与亚洲精神的保存相结合，可以看出梁启超为了在流亡地日本出版政论杂志而确立了新的视角。

创刊号卷首"本馆论说"一栏刊登了梁启超《论变法必始于

---

[1] 未署名（梁启超）：《清议报叙例》，《清议报》创刊号。《清议报》采用的是中华书局1991年的影印本。该影印本收录的第4册，是康有为下令删掉《佳人奇遇》后的版本，需要注意。另外，成文出版社1967年的影印本收录了未删掉《佳人奇遇》的那一版。

满汉无界》和《戊戌八月之变是废立非训政》两篇文章。废除满族特权乃维新的出发点。在此基础上，全面否定西太后发动的政变和实现皇帝复位成为维新派当时活动最重要的课题。

为了让人更清楚地理解整个戊戌政变，"支那近事"一栏刊登了梁启超撰写的《戊戌政变记》。这篇文章在《东亚时论》的刊登中断后，又在《清议报》连载至第10册，在这基础上经大幅增补、整理之后于1899年5月出版了单行本（九卷本）。

此处尤其希望读者注意的是《清议报》第4册刊登的《谭嗣同传》。虽然署名是梁启超撰，但却没有那份谭写给康梁的遗言。为牺牲同志撰写的传记不收录其托付给生者的遗言，是对死者的冒渎，而梁启超却没有写。可以想到的理由只能是，他不愿意使用在康有为命令下伪造的文书。由此可以看出一丝迹象，梁启超迈出了与康有为保持距离的第一步。

或许是因为非常熟悉日本的杂志，相较以往的《时务报》，《清议报》已大有政论杂志之模样。其中设置的专栏有"本馆论说""支那近事""外国近事及外论"等，尤其引人注意的是"支那哲学"与"政治小说"专栏。"政治小说"从创刊号开始连载的是他在船上读的柴四朗（东海散士）的畅销书，译名为《佳人奇遇》。关于"支那哲学"将在下一章第2节论述。

对近代化小说的关注，始于严复、夏曾佑在《国闻报》创刊号（1897年）刊登的《本馆附印说部缘起》。梁启超的《译印政治小说序》（《清议报》第1册）继承此而来。梁启超认为"小说乃国民之魂"，政治的进步中"政治小说"的功劳最大，所以在康有仪翻译的《佳人奇遇》（《清议报》第1—35册）后，又连载了矢野文雄（龙溪）著、周宏业翻译的《经国美谈》（《清议报》第36—69册）。

补充一句，梁启超于1902年秋创办了号称"中国唯一之文学报"的专业刊物《新小说》。虽然此刊是梁启超为了发表自己构想的政治小说《新中国未来记》而创办，但清朝覆灭，共和国成立这一假设却与十年后中华民国诞生这一历史的偶然真实重合。小说中表现的稳健、中庸、激进的政治论，令人想起中江兆民的《三醉人经纶问答》，所以被文学研究者评价为不切实际的政治论的罗列。不过，从其普及政治思想的目的来看，梁启超的意图实现了，而且此文的流行发挥了重要作用，使只是社会闲话式的传统"小说"脱胎换骨成作为近代文学栋梁的小说。梁启超作为"文界革命"旗手的地位就此确立。

此后至新文化运动兴起的清末民初十几年间，与小说相关的杂志达50种以上，出版的小说，包括翻译、著作在内，多达一千数百种。文体多为"文言文、口语"的混合体,体现了近代文学诞生与口语(白话)文形成并进的局面。顺便提一句,这一时期,不仅是小说,各领域"白话杂志"簇生,数量多达170多种。

简言之,以文学革命为重要内容的新文化运动,在很多方面均由梁启超开创先河。

4. 流亡者的自觉

《东亚时论》对康梁维新派提供的支持,因东亚同文会会长近卫笃磨的意向而中止,原因是在华会员的要求,这一点前文已有论述。无需赘言,对流亡者的待遇如何是与日清两国外交关系密切相关的重要问题。

在西太后看来,康有为、梁启超流亡日本本身就是不可饶恕的,更何况康、梁还开展批判清朝等意料之外的活动。因此,1898年12月5日,她命令驻日公使李盛铎"好生处理",前一年囚禁孙文失败,惨不忍睹,天下皆知,所以不能胡来,同时要求日本政府将这些人遣返回来。但是日本却不能不保护政治流亡人士,为难之下选择了让康梁自动离开日本的策略。此事于12月7日,由上海领事秘密告知张之洞。

日本的外务省最初是想让康梁一起离开日本。外务省书记官楢原陈政12月21日与梁启超见面，劝他"日本国内非常危险，去美国吧"，提出将提供"3000日元"旅费，不够还可以补。楢原精通中文，在华中时与梁启超相识。但是梁启超拒绝了这一建议，并且此后不再与其见面。于是，犬养取折中之法，决定让康一人到国外去，提供"7000日元左右"的费用。

为这一问题划上句号的是近卫。次年，即1899年1月19日，处理完《东亚时论》的编辑问题之后，近卫以"康有为事"为名邀梁启超到其官邸。随行者有柏原文太郎和翻译罗普，从这一点上可看出近卫的细致周到，其问答如下。

近卫相当坦率地称，他认为康有为留在日本不仅是"两国交往"的障碍，在日本也难以实现其志向，所以"漫游欧美"为好，希望梁启超能说服他。对此，梁启超支吾其词的同时，笔答称希望能尽量留在日本。但是近卫称，此事昨日已与大隈重信商量完毕，强逼其"信伯与余，走吧"。两个月后，3月22日，康有为离开日本，此事完结。

1899年11月，访问武汉的近卫与张之洞会面时，张就驱逐康一事表示感谢，对此，近卫假惺惺地称，那是有志者"劝告"的结果，"我政府不会违背万国公法之规定，驱逐他国的国事罪犯"。可以说这是他的得意之作。

第 1 章 流亡

1月19日与近卫的会面，对梁启超自身而言具有极为重要的意义。近卫在进入主题，谈论康有为的问题前，曾直截了当地"忠告"梁"在横滨的《清议报》上撰稿不稳妥，应与该报社断绝关系"。意思是虽然让你待在日本，但不准开展活动。对此，梁启超妥善回复称，也在考虑寻找合适的人选代之，敷衍过去。

梁启超非常清楚，自己维新派流亡人士的文章被《东亚时论》剔除掉，是近卫应白岩要求而采取的措施，是为了日本的国家利益。紧接着，近卫便提出与《清议报》断绝关系的要求。他当然也知道这是为了应付清朝。也就是说，白岩他们有国家保护，而他们自己却没有国家给予保护。起初，他们天真地认为自己受到了"日本国家"的保护，这在前面已有论述，但梁启超现在却遭到两面夹击，清醒地意识到流亡人士的可悲之处，被居住国看作眼中钉，同时也没有可以保护自己的祖国。

于是，梁启超开始思考必须加深对国家的理解。《清议报》第5册（1899年2月1日）刊登了一篇曾在《湘报》上发表的未署名文章《论中国宜讲求法律之学》，又抓紧时间在第6册刊登了笔名为"哀时客"的《爱国论》。"哀时客"这一笔名是第一次使用，把流亡人士的悲哀表现得淋漓尽致，基本上一直用到一年后他赴美之前，《清议报》的第33册。在这之前，他一般使用意为表现自己是墨子信徒的笔名"任公",所以梁意之所指非常明显。虽然他在到达夏威夷之后写的《少年中国说》(《清议报》第35册)中宣布今后使用"少年中国之少年",但其实这一血气方刚的笔名并没有怎么用。

原载《湘报》的文章像喊口号一样论述要摆脱"三等野蛮之国",须掌握"法律之学",但并没有具体的内容。而《爱国论》称,西方人说中国人没有爱国心,但"海外之民"却皆踊跃于戊戌维新,为政变扼腕叹息,所以中国人不是没有爱国的品质,问题在于不知"国"为何物。其讨论的依据是,到外国看过之后才能明白各国之民如何拥有"权利"受到保护,而清朝人在外国却没有任何的"权利"和"保护"。不用说,这是梁启超根据连日来的经历写就的文章。

爱国心的养成还需要教育。为此要学习有用且必要的学问"社会学(群学)、国家学、行政学、经济学(资生学)、财政学、哲学",待将来"中国维新之运"到来时,须为"国家"发挥作用。国民须以国为自己的国、国事为自己的事、国权为自己的权,国耻为自己的耻、国荣为自己之荣,称"民与国乃一为二、二为一"。

在后边一期连载的《爱国论(二)》中,他称西方国家为君和民的国家,中国的国家仅为王朝一家。愈发确定了学习国家学的必要性。接着在第 10 册的《商会议》中，梁启超称要以英国的东印度公司把印度纳入统治之下为模板，把中国固有的商会代用到国家建设中。

在这般考虑实践方法的同时，梁启超还提议，明治维新以来，日本为了向西方学习知识，翻译的有用书籍不下数千种，尤其政治学、经济学、社会学等译著非常丰富，为吸收这些知识要学习日语。他认为中国改革所必需的是社会科学、人文科学的知识。

在第 11 册（1899 年 4 月 11 日），梁启超宣布改变《清议报》的编辑方针。修改过去"维持清议，广开民智"这一抽象的方针，致力于普及并向中国输入具有实用性的"政治学、经济学(理财学)"学说。

为此新设的专栏是"政治学谭"，该专栏刊登的是伯伦知理的著作《国家论》（《清议报》第 11—31 册）和加藤弘之的《各国宪法异同论》（《清议报》第 12—13 册）。加藤的文章称伯伦知理的学说是最优秀的国家学说，所以"政治学谭"一栏成为普及伯伦知理《国家论》的地方。

一般认为梁启超很清楚伯伦知理的国家学说在明治日本的建设中占有重要的作用，但他选择《国家论》的一个更直接的原因是他获得了该书的中译本。刊登在《清议报》上的该著，只写了"德国 伯伦知理著"，没写译者名，但其实译者是吾妻兵治，其译稿名为《国家学》（参见本章扉页）。

把伯伦知理的国家学说引进日本的重要人物是刚才提到的加藤弘之。身为日本德国学始祖，加藤为了给明治天皇讲课，翻译了伯伦知理的 *Allgemeines Staatsrecht*。讲课是为了让立宪国家的君主掌握符合其身份的知识，所以从1871（明治4）年开始翻译一章讲一章，到1875年讲完了"首卷"和"第6—9卷"。1872—1874年间，配合译稿的完成，文部省将之命名为《国法汎论》出版。还有一些民间出版的文部省藏版，阅读量应该都比较大。

众所周知，明治维新始于高呼"王政复古"口号的军事政变。因此，勤王一方起先提出的政体是官名取自古代律令制的"三职"制。但是，"复古"即"维新"，也是以西方近代文明为模范的改革，所以新政府于1868年夏，改组为以立法、行政、司法三权分立制为依据的"太政官"制。

三权分立制被记入确定维新根本法的《政体书》中。就司法的实际情况而言，法国法典翻译以前的法律知识在大宝律令的基础上增加了明清律的应急措施，即便1871年设立了司法省，但由于地方没有法庭，所以地方的审判依然由当地的行政官员充当。

第1章 流亡

地方官身处大藏省的监督之下，所以当时的大藏省"握三权于一手"，掌握了财政、行政和司法。

政治制度也随着1871年实行"废藩置县"这一对维新而言更本质的改革得到进一步完善，不久便于1885年开始采用内阁制，1889年公布宪法，1890年开设国会。加藤就是在这一激变时代的开端为天皇授课的。

《国法汎论》的首卷即概论，第6卷是"主权"与"元首"，第7—9卷是有关行政（施政）、立法（议政）、司法、教育等方面的内容。因此，加藤省略了第1—5卷直接进入第6卷，他解释称原因在于选择的是"于今日政务切要"之处[1]。作为面向天皇授课的内容，该方针是妥当的。1876—1879年，加藤陆续翻译出版了未译部分"第1—4卷"（至第4卷第13款），论及国家成立的理路、历史、政体，政体还涉及"今世之代议人民政治"。但是，由于正处西南战争前后，该书并没有受到关注。

加藤是引进西方近代国家学说的人，所以对理解国家学说的方法介绍地极为简明扼要。他的说法是，首先在《泰西国法论》

---

[1] 『明治文化全集』補卷2、29頁。下文有关"教育敕语"的争论出自木村毅「解题」、『明治文化全集』補卷2、17頁。

中窥探国法大纲，在该书（Allgemeines Staatsrecht）中详解其要领，然后涉猎各国之法典即可获得正确必需的知识。

《泰西国法论》是留学荷兰、与西周同时受教于弗塞林（Simon Vissering）门下的津田真道在1868年翻译出版的国法学讲义。该书与西周翻译的《万国公法》、神田孝平翻译的《性法略》（性法为自然法之意）都受到吉野作造的高度称赞：是理解东亚所没有的西方文明之本质，思想上认真领会物之道理的"唯一的光明"。该书称借助它可以掌握伯伦知理著作的大纲，理解其重点，在此基础上再研究各国的法典。

之后，平田东助又通过司法省继续翻译出版了《国法汎论》的"第4卷下（第14款之后）—第5卷""第10—12卷"。前者包含了讨论"君主立宪政治"的部分，后者详细论述了财政、地方自治、"自由权"。但是，平田在卷首"凡例"中，只表示该书为弘扬"先师之学"，继续翻译了未译部分形成完整的书稿，并没有提及更进一步的意义。

最终伯伦知理的这本著作在日本前后花费了十八年的时间翻译完成并出版了。平田翻译的下卷，出版时正值国会开办之年。德国国家学泰斗伯伦知理的国家学学说，不消说自是为了德意志帝国的成立。其日译本《国法汎论》对明治国家建设的作用，加藤自己夸赞称"至有益世上之效，恐未有出此国法汎论之右者"。

加藤翻译的《国法汎论》对明治国家立宪体制发挥的历史作用，从制定教育敕语相关的轶事中有所体现。教育敕语先于宪法实施，于1890年10月公布，侍讲元田永孚认为其中"重国宪遵国法"一句有冒犯天皇最高权威之嫌，要求删掉。起草者井上毅拒不接受，两相对立，最终由天皇裁决。天皇的裁决是"这一句有必要，留下"，木村毅认为，这一裁决建立在天皇对《国法汎论》理解的基础之上，是与"国君的权利绝非自己的权利"，"是对国家必然行使的义务"结合起来的。这一点希望大家注意。

但是，应该在国宪与国法之下的天皇如何作为，扮演什么样的角色，还须见后来的历史。此后腊山正道肯定了《国法汎论》的历史意义，称其为确立官僚中心国家建设思想找到了学术上的依据。一般认为日本的立宪制是官僚中心的国家，无论怎么变化，至今仍然如此。

以上是我对伯伦知理的国家学说如何与明治国家建设相关联的粗浅描写。但是，对于本书而言，更重要的是伯伦知理的普通启蒙书籍 *Deutsche Statslehre fur Gebildete*（公众的德国国家学，Statslehre 现在的拼写是 Staatslehre）（图4）的日译本，即平田东助、平塚定二郎翻译的《国家论》（春阳堂，1889年）。其中译本就是

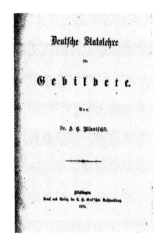

图 4 J. C. Bluntschli, *Deutsche Statslehre fur Gebildete*, 1897（海德堡大学藏）

吾妻兵治翻译的《国家学》（东京，善邻译书馆，1899年12月），《清议报》上的《国家论》用的就是它。[1]

吾妻兵治在《国家学》的"译序"中称，翻译此书的目的是让对建设明治国家有用的"公而不偏，正而不激"的伯伦知理的学说在相邻各国的改革中发挥作用。也就是说，在吾妻的想法中，是为了把伯伦知理的国家学说提供给东亚全地区使用而用中文翻译此书的。

《清议报》刊登的《国家论》虽然写了作者的名字，但却没写译者。自从巴斯蒂指出吾妻兵治翻译的《国家学》为其原本之后，才确定梁启超使用的是这版。[2] 从使用了相当的修辞来看，梁启超

---

[1] 关于吾妻兵治即善邻译书馆，参见狭間直樹「初期アジア主義についての史的考察」,『東亜』2001年8月—2002年3月、第7章；狭间直树著，张雯译：《日本早期的亚洲主义》，北京大学出版社2017年版，第7章。

[2] 参见巴斯蒂《中国近代国家观念溯源——关于伯伦知理〈国家论〉的翻译》,《近代史研究》1997年第4期。

或许是有打算把自己当作译者的,但没有在译者的地方署上自己的名字,应该还是有些顾虑。后来1902年广智书局只从中选了第一卷出版成单行本,题目改成了《国家学纲领》,注明"饮冰室主人译"。

广智书局是梁启超等人1901年投资十万元,在上海租界成立的出版社,作为国内的基地。除《国家学纲领》以外,广智书局还出版了许多以提高民智为目的的学术书,直到1915年停业,它作为维新派在国内活动的基地发挥了极为重要的作用。名义上的总经理虽然是冯镜如,但由于实际负责经营的人不太诚实,所以梁启超也被迫费了不少心力。

吾妻兵治(1853—1917)为日本秋田县人,在藩校明德馆学习汉学,在秋田的共和塾学习英学,后来进入中村正直的同人社学习汉学和英学,担任该社《文学杂志》(文学是学问之意)的编辑。同人社是民间教育机构,与福泽谕吉的庆应义塾平起平坐,所以他作为先进的知识青年表现得异常活跃。此后,吾妻在文部省、农商务省、外务省、陆军等处工作的同时,也在亚洲主义团体中活动。

他在亚洲主义团体中的活动值得注意的是其担任《亚细亚协会报告》编辑时,注意到英语在欧洲的作用,而把汉文定位为东亚的共同语言，将所有文章汉文化的实践。虽然这一实践没有成功，但其欲与西方对抗，打造东亚文化圈的目的值得高度肯定。

辞去陆军教授以后，吾妻于1899年创办了出版社善邻译书馆，目的是汉译日本书，供应中国的需求。他这么做的目的是通过东亚共同语言汉文的书籍而在现实中实现知识的交流。次年12月该馆第一批出版的四本书籍中，上述《国家学》乃为其一。其他一起出版的三本是重野安绎著《大日本维新史》、石井忠利著《战法学》、小幡俨太郎著《日本警察新法》，把国家学与明治维新史、军事与警察方面的专著搭配，从中亦可窥得吾妻等人意图之一斑。

重野安绎是日本近代历史学的创始人之一，非常支持善邻译书馆的事业，《大日本维新史》就是他赞成该馆事业目的新写的著作。他在该书"序"中称，日本维新以来三十年的发展，全是根据五条誓言，以欧美为范本，向全世界寻求知识，锐意努力才获得的。著作中，他自信满满地表示，日本的成就令西方近代国民国家瞩目，其经验对于亚洲的任何一个国家而言都是有用的。该书的叙述从庆应三年（1867）的"大政奉还"开始至明治三十二年（1899）《日英通商航海条约》实施为止，是一本日本"现代史"。虽然具体时间不详，但这本书出现了盗版，其中作了一些针对中国读者的修改,所以可知在大陆拥有一定的读者。

石井忠利与吾妻同为秋田县人,比之年幼10多岁。在《战法学》"自序"中写着"炮兵大尉",所以可知他也曾在参谋本部工作。该书是石井1895—1896年在北京公使馆期间,为向清朝兵制改革建言而写,应善邻译书馆之邀出版。上卷"高等战法学",把"运用一国总军之法"与"运用一方偏军之法"作为"战略学"来阐释;把编成法、给养法、募兵法作为"军制学"进行阐释;下卷"初等战法学"论述了行军、战军、驻军、军纪、教育、训练。

向刚刚交战之后的敌国建言军队改革,引人注意。这并非是一种胜利者戏谑式的优越感,从中可以看出其虽然已预见到未来在军事层面的霸权远景,但依然希望能为邻国进步作贡献的心情。

《日本警察新法》的作者小幡俨太郎是善邻译书馆的"协修",也就是馆内之人。在以善邻译书馆编辑局之名义撰写的"序"中,他把警察称作政治的重要手段,是为了防止受害、保卫安全,维持民间秩序,所以警察制度之优良与否深切关乎国家与文明的进展,对清韩两国而言,完善警察制度乃当务之急,流露出向西邻的两国传输日本经验的心情。书的内容从今日我们的眼光来看多为常识性的反映了创造出在世界上也数一数二的警察国家的那段历史,但其强调为维持治安须限制"公权"的地方,令人关注。

次年，即 1900 年初，吾妻为确保书籍的销售，与善邻译书馆代表松本正纯专程前往上海。据某辞典介绍，松本正纯（1866—?），是日本和歌山县人，三岛中洲门下，1899 年与重野安绎等人一起"创办了善邻译书馆"，其面向中国出版的书籍，得到了张之洞、刘坤一、李鸿章等人的支持，成为"在中国公开获得著作权"的嚆矢。此处的著作权非法律意义所言，而是指地方官的通知书一类。虽然确实获得了著作权，但并没有由此取得促进销售的业绩。

那时，上海的大报《申报》评善邻译书馆出版汉译书，称"东西各国之良法美意""渐渐为华人所深悉"[1]，显示出清朝的确存在欢迎他们的气氛。但是，据吾妻所言，受义和团的影响，善邻译书馆遭遇了书被烧掉等灾难，再加上其他种种不便，这项有意义的出版事业仅迈出第一步便以失败告终。

有关善邻译书馆消息的记载中，有一份虽非当事人，而是东京书籍商组合的机关杂志《图书月报》第 3 卷第 5 号（1905 年 2 月）刊登的《针对清国的书籍出版概况及东亚公司设立情况》，曾这样写道：甲午战后，清韩两国出现了留学生增加等革新之气象，对日本书籍的需求日高。看到这一趋势后，为出版"专门向清朝人

---

[1] 《记日本创设善邻译书馆事系之以论》，《申报》，1900 年 1 月 10 日，第 1 版。

灌注知识，以彼我同文之故，利用其开发彼"的书籍，松本正纯、吾妻兵治等人倡议，重野安绎等人赞助创办了善邻译书馆。出版的书籍有重野安绎的《大日本维新史》、吾妻兵治的《国家学》、石井忠利的《战法学》、小幡俨太郎的《日本警察新法》，但"不知是为时尚早的缘故还是其他，很遗憾并没有取得预期的成果"。就这样，该馆出版的书籍都"变成由株式会社国光社发售"。

正如东京书籍商组合相关文献中所说的"为时尚早"，善邻译书馆并没有取得商业上的成功。处理残局，接收书籍的国光社，原本是在《大日本维新史》等书的版权页上与善邻译书馆并列为"发行 国光社／代表 西泽之助"的单位。国光社乃当时特别有实力的出版社，很有可能是作为支持销售的合作者而联名的，最后却变成了善后的角色。

刊登在《清议报》上的《国家论》，可以说几乎全部采用了吾妻兵治翻译的《国家学》。从该刊改变编辑方针后的第11册开始，至第31册止，最后连文章也中断了，在未完处写了一句"此稿未毕"，也就是把排好的文章在偶数页上断开了。《清议报》的刊登形式是为了把连载各号拆开合订为一本书而做的，各篇的页码也保持原样。所以这种结束方式反映了意外中断的事实，但该刊却对这一意外事态未作任何说明。

《清议报》第 31 册的出版日期是 1899 年 10 月 25 日，早于善邻译书馆《国家学》一书的出版。据井上雅二称，得知康有为来日消息后，吾妻希望与之相商翻译一事，二人遂曾一同前往拜访康有为，但当时并未得见。[1] 若如此，吾妻兵治此后与梁启超接触的可能性极大。

其时，因为与清朝之间出现了法律层面的版权问题，所以可以看到不少书的扉页背面等处有"翻印必究（严禁复制）"等文字，不过吾妻与梁之间并没有迹象显示产生过任何纠纷。从仓促的中断可以窥见发生了什么意料之外的事，但能想到的只能是吾妻或者善邻译书馆单方面提出了停止刊登的请求。

有关善邻译书馆的创办计划，内藤湖南也知晓。1899 年秋内藤访华时，天津的某开明人士曾提出希望把日本出版的关于西方的好书翻译成中文提供给中国，对此内藤答曰已经有以此为目的的出版社善邻译书馆成立。内藤的消息来自冈本监辅（韦庵），此前一年的秋天，冈本曾颇尽力于该馆的创办，但或许因为在出版图书的顺序方面与吾妻兵治出现意见分歧，内藤访华后，冈本即

---

[1] 「井上雅二日記」、1898 年 11 月 21 日、藤谷浩悦『戊戌政変の衝撃と日本——日中聯盟論の模索と展開』、418 頁。

甩手不干了。10月末至11月，吾妻他们的出版活动正式开始。姑且认为，吾妻是以此为契机，提出了停止在《清议报》上刊登《国家论》请求的。

不管怎样，《清议报》上没有注明译者的《国家论》，对吾妻翻译的《国家学》作了一些修辞上的斟酌，以使中文更通顺。只有一小部分，梁启超根据自己的见解修改了翻译。关于梁启超的操作手法，具体如下。《清议报》第26册收录的第3卷第3章开头：

> 方今开明之民，芟除古来错杂政体，而仅存二种：曰代议君主政治、曰代议共和政治。前者多行于欧洲，后者多行于美洲。今将两种政体之<u>本旨</u>，胪列于左。

此处是梁启超几乎未作修改的地方，在这60字左右的句子中，仅下划线"本旨"一词与吾妻翻译的"宗旨"不同。重要的概念如"开明""政体"，以及"代议君主政治""代议共和政治"等六字专有名词皆保留了原样。一般的近代汉语自不待言，在对国家学重要概念的叙述上，甚至套用了近十个字的长句。这反映了梁启超通过日语翻译，全面吸收了国家学说。

列举一个梁启超加工润色的例子。接上一句话的第9条"国民除宪法并法律所定者外，<u>别无有服从之义务</u>"的划线部分改自吾妻翻译的"无别有可服从之义务"，由此可知梁文高明的地方。其他也有很多这样的例子。通过做些修辞上的润色，使之作为中文更加通顺，反映了梁启超基本准确地理解了吾妻翻译的伯伦知理的学说。不过仍然存在一些误译，以及诸如第1卷第1章的章名应为"国家之沿革"，却误作"国家之改革"等考虑不周全的地方。这种错误不仅延续到单行本《国家学纲领》，目力所及，在七十年后被某位学者认真讨论之前甚至都没有被看作是一个问题，所以尤其影响了一大批读者群。这种文献的误译包含了对该学说的普遍理解并在学界通用，是历史中常有的现象，所以此处不打算深入触及这一问题。[1]

梁启超有意修改文章的例子中有，把吾妻翻译的"罗马为全地球之京师"改作"罗马为京师"，"奉罗马帝为天下之王"改作"奉罗马帝为一国之王"两句。这或许反映的是他不愿表达罗马为全世界、天下之中心的意识，而非关乎对国家学说的理解。

顺便提一句，对伯伦知理的"国家论"，黄遵宪曾感叹，难得

---

[1] 有关卢梭《社会契约论》的情况，可参见狭間直樹「中江兆民『民約訳解』の歴史的意義について」，石川禎浩、狭間直樹編『近代東アジアにおける翻訳概念の展開』。

的重要学说却因"言之无文"以致"行而不远"深为遗憾（《年谱》3，第274页）。即便是梁启超，已经在《时务报》上获得新创新文体（时务文体）的认可，之后又发明了以流丽著称的"新民体"，为文体改革发挥了决定性作用，在根据日本译著阐释西方新的学理时也难免生硬。黄并不知梁已经对吾妻的翻译做了润色而出言评论，所以其中的含义值得玩味。

《清议报》上刊登的《国家论》，分量上不及吾妻译《国家学》的一半。根据《国家学》的卷、章节具体而言，全五卷中，第1卷全登，第2卷没有登，第3卷10章中刊登到第4章的中间，第4卷5章中刊登到第3章的中间。自此终止，所以第5卷没有登。《清议报》连载第1卷结束时在末尾写着"国家论卷一终，卷二缺"，然后开始"国家论卷三"。此处明确表示了梁启超的割爱，所以没什么问题。然而第三卷连载中途便结束，《清议报》却在该处写着"国家论卷三终"，没有说明理由。从下一册开始连载的是"国家论卷四"，且最后的第31册如前所述，在文章连载途中便结束了。

梁启超大概是在通读了吾妻的译稿之后，对刊登的内容作了一些取舍。第2卷与第3卷没有刊登的内容，可称作是国家形成史，省略了这部分直接到连载第4卷"公权及其作用"。梁启超大概不知道加藤弘之在向天皇进讲《国法汎论》时从卷首直接跳到了第6卷，但由于《国家学》的第4卷第1章是"至尊权及国权（主权）"，所以梁的做法无意间变成了模仿加藤先例的事。

《清议报》上的《国家论》，因省略与中断，变得非常不完整，但包含了伯伦知理学说的精髓。

第一，认可近代国家由"民"构成。称现在的文明国，皆为国民国家（民人国家），"凡国中之民，合成一体"，"无民人，则无真国家"（第1卷第2章第1节）。

正因对这一点确信无疑，所以梁启超才能在第22册对中断了的"爱国论"进行总结。虽然他先前在湖南的时务学堂以民权之名，相当经常地使用"国家""国民"等词语，但获得伯伦知理国家学加持的梁启超，以国权为基础，开始谈论民权中的爱国。

第二，将近代国家理解为"有生气之组织体"，即"有机体"。现在我们使用的固定词语"组织""有机体"，是当时刚诞生的科学用语，所以吾妻加上注释，梁更做了进一步的细致说明。比作"有机体"后，国家被视作道德、精神行为的主体，作为四肢的民也成为分担相应机能的构成（第1卷第2章第5节）。

第三，站在国家主权在国民的"国民主权"说之上，批判共和政体，认为"立宪君主政体"为最优。在立宪君主政体中，"行国家统御之实务为本分，代表全国民，为国家之无上机关，据宪法实以发表国家之意志"，所以这一政体才最适合"自然之理"（第4卷第3章）。联想到上述突遇中止之事态，对梁启超而言，能够连载到这里已属侥幸。

第四，"君主政体"与"国民主权"理论上的调整。这是根据在依靠国民形成的国家中，"国君者国家第一之臣仆"（腓特烈大帝语）的定义而来的。萨维尼（F.C.von Savigny）等人确立的"历史法学"，也曾提及通过将君主亦纳入"公法"之下而创造出国家有机体说（第1卷第1章第5节）。

德国式的国家学说，在拥有天皇的日本被当作模范而成功加以利用，对大清帝国的改革而言也是值得服膺的学理。且无需赘言的是，德国的国家学是当时为对抗卢梭等人的天赋人权说而构建的最新学说。将卢梭等人定位为"历史党"、德国学派定位为"穷理党"的梁启超，由此断言"卢梭为十九世纪之母，伯伦知理为二十世纪之母"。只不过，梁启超没有理解社会与国家之间本质上的不同，把国家看作是规模庞大的社会了。

如上所述，善邻译书馆在经营上失败了。但吾妻兵治的《国家学》，梁启超却在《清议报》上对其框架做了相当的介绍，在以往自己对西方近代文明理解的基础上，构建出近代东亚文明圈形成的重要思想基础之一端。再加上广智书局单行出版的《国家学纲领》，由安钟和翻译成韩文出版，在朝鲜也广为传播。[1] 吾妻希望把日本的经验变成东亚共同的知识这一最初的目的通过梁启超在很大程度上得以实现，目睹这一切，吾妻应该可以瞑目了。

正如"天下国家"一词所表现的，"国家"作为一个固定词语自古就有。但是作为正规的理解，应该是《大学》八条目之下半段"修身、齐家、治国、平天下"中"天下"之构成部分的"国"，这一点无需赘言（在日本也有意识地将"藩"称作"国"）。因此，当天下扩展为地球规模时，中华大地就降级为与他国（state, nation）同等的地位。不仅如此，西方各国作为拥有不同于自己文明的强国正在逼近。国由民成，孟子的"民为贵，社稷次之，君为轻"之所谓"民贵"说成为知识分子的常识，正好适用于拥有当今文明国家主权的国民。

需要充分认识，梁启超那句常常被引用的，自称在日一年，因可稍通日语而使"思想为之一变"（《年谱》，第171页）的大转变的核心，即为对该国家学的理解。梁启超的求知欲在无休止

---

[1] 権純哲「大韓帝国期の『国家学』書籍におけるブルンチュウリ　梁啓超　有賀長雄の影響」。

地扩大,这一扩大是有核心的。

吸收了伯伦知理国家学说的梁启超阐释"国家主义"是在1899年底。明言"世界主义属于理想,国家主义属于事实;世界主义属于将来,国家主义属于现在"。这是《自由书》(《清议报》第33册)中的句子,正如其1899年5月在神户中华会馆发表的演说,已经反映出他的思想立场稍早已有表露。也就是说,通过接触伯伦知理的"国家论",梁启超"国家主义"的立场经过《清议报》时期已经确立起来。

直到1921年梁启超在《清代学术概论》中自我批评这一主义并收回,二十年的时间里,他始终坚持将之作为自身的核心政治思想,并从这一立场开展活动。

第 2 章　思想

——国家主义

《清议报》第 2 册封面
（初版的外观与此后版本不同）

梁启超在组织上属于康有为作统帅的保皇会，在扩充会员、募捐等活动中发挥了重要作用。为人所熟知的唐才常等人的勤王起义、梁止于计划的广东起义，失败的主要原因都在于康有为没有输送资金。梁启超曾因在政变中牺牲的谭嗣同遗著《仁学》并非是国家主义的立场而暂缓刊登，却因总结起义之经历而表彰此书，将其视作学习实践活动中所必须的"诚"之精神的著作。另外，他还曾依靠华侨的爱国心试图创建一个小型国家而未果，认识到原因在于中国人的奴隶根性，从而决意改造。

1. 从夏威夷到澳大利亚

19世纪末，华侨人口已高达600万人。按照出身地划分，七成是与康有为、梁启超同乡的广东人。居住地上，"南洋"即东南亚地区压倒性居多，美国约12万人，澳大利亚约3万人，日本约6000人。1899年3月离开日本的康有为，于7月20日在加拿大的维多利亚创建了保皇会（Chinese Empire Reform Association）。

所谓"保皇",意为保护光绪皇帝,与英译名一致表达了该会的宗旨。此后,该会成为康有为活动的重要基础,在南北美、日本、东南亚各地组织了11个总会、103个分会,由此可见其实力之雄厚。

保皇会的本部此后转移到澳门、香港等地,但总指挥一直都是康有为。由于康不断往来于世界各地,所以保皇会并非是一个强韧的组织。在这种情况下大放异彩的是日本华侨,光芒的中心便是梁启超。梁的《清议报》,还有《新民丛报》的思想、学术高水准为其根源。

1899年横滨的华侨数约为3000人,5年后超过了5000人。其中加入了留学生这一意料之外的新生力量。1901年约270人的留日学生,1903年已经增加到约1300人,再加上废除科举的缘故,1906年达到12000人。[1] 数量上远远超过在日华侨。这一高级知识分子群体支持了梁启超学知上的活动,围绕在他身边。

这一数字的规模如何,仅从日本1901年高等学校入学者的人数1053人便可充分了解。异国学知上的能量如此多地聚集到邻国

---

[1] 小岛淑男『留日学生の辛亥革命』、13頁。下文的举人数是根据楚江《清代举人额数的统计》(硕士学位论文,湖南大学,2012年)推测得出。

首都，在文明史上是破天荒的事情。虽然鱼龙混杂，但据估计，在20世纪最初的十年间，踏上日本土地学习的青年远超5万，接近10万人。这一数字远远超过了清末举人约2万人的数量。量的庞大成为质变的基础。

《清议报》的编辑方针随着康有为离日而改变，这是梁启超从康有为的思想束缚、中华传统学术的围栏中走向自由的一个表现。这令人联想起幕末西周、津田真道的脱藩，实乃跨越被朱子学束缚的藩学的藩篱，学习洋学之前的助跑。

梁启超的情况是，思想的解放表现为行动上的自由，甚至欲与孙文一派商讨"国事"。以往日本支持者尽管希望维新派与革命派相互提携，但不为康有为所允许。1899年末，梁在为参加自立军起义而回国的林圭举办的壮行会上与孙文、陈少白、宫崎滔天等革命派的核心人物同席，是清末维新派与革命派在活动上有所交集的一个令人深思的场景，但这种合作关系几乎没有任何进展。

康有为不仅不允许梁启超等人的行动，还为了禁止梁在日本活动而命其前往美国。梁此时对康的态度，简单来说，虽然在思想上要求自由，但在组织上依然服从于会首，拥有两面性。也就是说，梁虽然隶属保皇会，却建立起能够忠于自己思想的立场。确立这一思想自由的立场,使他以后的舆论活动出现了巨大的飞跃。

康有为与梁启超之间这种扭曲的关系,出发点在于其师徒关系。旧中国师徒关系的紧密远超我们的想象。他们的扭曲关系还反映了在华侨关系网支持下的保皇会的经济活动、社交关系。保皇会作为政治团体,不仅接受来自支持者的巨额援助,还开展了包括经营墨西哥电车事业在内的极为丰富多彩的实业活动,不时会有非常高额的利润。梁个人的生活靠其文笔支撑,但其政治社会活动基本是利用保皇会的组织开展的。可以说,总帅康有为对梁启超拥有牢固的约束力。

1899年12月20日,梁启超奉命从横滨出发,31日除夕到达夏威夷的火奴鲁鲁。梁前往夏威夷之际,孙文曾向他介绍当地兴中会会员作为合作对象,反映出当时双方还未有明确的对立意识。

虽然夏威夷不过是前往美国的中转地,但梁启超在那里变得寸步难行。这么说是因为,他出国时虽然用的是日本人柏原文太郎的护照,但清朝的领事却要求夏威夷当局将梁启超流放国外,结果访美一事泡汤。在滞留夏威夷的大半年时间里,梁积极活动,也吸收了相当多的兴中会成员加入保皇会。

梁启超的行动是为扩张自派势力采取的策略,只不过看似是要合作，所以冯自由曾评价称合作对孙文而言"有害无益"，也有其中肯之处。不过，梁启超此时的确在筹划武装起义的事，包括唐才常的起义计划等，所以必须承认他亦心存分别行动、共同起义的意识。

不管怎样，梁启超此时为保皇会的勤王武装起义倾注了全部心血。总帅康有为停留新加坡，保皇会的本部在澳门。身在夏威夷的梁启超虽然绝非运筹帷幄的角色，但对总帅、本部、各地的同志，捐款自不待说，士兵、武器、军费的筹备等，无一不极尽具体地阐述意见，认真对待。他认为，若以勤王起义为名募捐却不行其事，保皇会就会失去信誉，没有了存在的意义。从这一观点出发，梁启超再三提议让康有为在前线指挥，但康皆置若罔闻，不为所动。梁负责的是在广东省城的起义，结果却尚未实行便宣告结束。

唐才常等人在长江方面另外进行的自立军起义，也是保皇会勤王起义计划的一部分。唐的起义在没有资金、准备也不充分的情况下被迫实施，未及实行便以失败告终。梁启超接到上海来电要其回国，他便于1900年7月15日离开夏威夷，28日到达横滨。8月22日，他已前往上海，但在前一日唐才常既已被抓，起义失败。梁启超虽然通过日本支持者展开救援，但唯恐事件扩大的张

第 2 章 思想

之洞却立刻将唐与林圭等人处死了。

广东的计划未及成形、汉口以惨重失败而告终的重要原因之一是军费没有到。那时起义资金非常充沛，据估计有 30 多万元，其中新加坡富商邱菽园 20 万，夏威夷有八九万，在美国、澳大利亚、东南亚有数万。按照梁启超的具体构想，足够好几个 500 人规模的起义军活动数月。有这些钱却没有做出必要的部署，因此人们的批评集中到康有为身上。虽然被批流为私用却也毫无办法，在这之后，邱菽园痛批康有为并与之绝交。

需要提及的是，募捐本身也需要费用。有时甚至募捐到的资金还不够其花费，这一点也需留意。邱菽园的情况是个人的决断即可解决，但一般是拜访各地资产家获得数百元、千元等捐款累积而来（准确的比价比较困难，不过 1000 元大概相当于今天的 500 万日元）。梁启超等干部阐释意义，支持者赞同其宗旨后拿出大额资金，所以出资方自然关心结果。不过出资的实际收据只能是起义的举行。

自立军起义失败后，梁启超一度返回日本，之后又再次前往东南亚。他称在槟城被康有为当面指责拥护孔教和思想自由的问题而没能反驳，由此可知其仍受康有为之命。

1900 年 10 月 7 日梁启超离开槟城，经科伦坡于 25 日到达澳

图5 悉尼街道,《新民丛报》第7号卷首

大利亚西海岸的弗里曼特尔。此后半年几乎以悉尼(图5)为中心,在澳大利亚活动。次年,即1901年的4月18日他离开悉尼,5月30日回到东京。梁启超作为最早访澳的中华名人,不仅受到华侨还受到当地英国人的热烈欢迎。在作为保皇会口号而高呼"设立议院,学习英国法律""开放中国门户,与世界各国通商"等政治宣传的帮助下,取得了相当的成果。

身处异国的华侨,其生活定然是极为艰苦的,但是清朝却视华侨为弃民。梁启超注意到华侨的爱国心,于是这样呼吁:清朝只是名义上的独立国家,维持独立国家的体面,须"国民一致拥有爱国之观念"。如果无法在全国范围内培养爱国心,那么就把海外的六七百万清朝人团结起来,兴"商会"以作"国家之原动力"。但是把所有的华侨团结在一起有困难,所以首先从"我们广东人"

开始，如何？（《年谱》1，第420—421页[1]）

他呼吁通过教育培养爱国心，使其成为"国家之原动力"，梁启超的这一构想因着眼于《国家论》，所以在道理上讲得通。由身处海外的人创造"一平民政党"，以谋中国独立，这一构想在他受日本帝国青年会邀请而写的文章中也曾提及。由此可知，他有意向日本人宣扬这一想法。[2]

梁启超是带着这一强烈意图去澳大利亚的。但是富有才华的梁启超在澳大利亚活动了大半年，在确立建设国家"原动力"的组织基础这一层面却没有获得丝毫成就。从第一步筹措资金开始就没成功，梁的澳大利亚之旅从实现构想这一意图方面以失败而告终。进一步可以说，在夏威夷和澳大利亚组织活动的这段经历让梁启超认识到，激励华侨的爱国心建设"国家"是不可能的。

在返回日本的船上，他一边为没能兴"民权"改"旧俗"而感到遗憾，同时赋七言律诗，"自励"重新出发，第二首的上联

---

[1] 此处参考的是《梁启超年谱长编》日译本。丁文江、赵豊田编、岛田虔次编訳『梁啓超年譜長編』（全5卷）。

[2]《论支那独立之实力与日本东方政策》，《帝国青年会报》第3号。《清议报》第26册曾转载。帝国青年会成立于1899年5月，由副岛种臣的三儿子副岛道正等人发起，目的是提高青年道德。大隈重信、板垣退助、片冈健吉等人是"赞成员"，参见『東京朝日新聞』1899年5月20日。

如下：

> 献身甘作万矢的，
> 著论求为百世师。
> 誓起民权移旧俗，
> 更研哲理牖新知。

诉说了绕澳大利亚一圈却未获得丝毫回报，筹资募捐却未得真正武装起义的憋屈，以及欲研究哲理更加进步的决心。

梁启超那一时期的文章中，《积弱溯源论》（《清议报》第77—84册）备受瞩目。"积弱"是指弱的历史累积，该文乃究其源头之论。这是在澳大利亚积累相当经验之后，梁启超的宏大构想《中国近十年史论》（共十六章）中的第一章。该文构架宏伟，涉及甲午战争、戊戌维新、义和团、列强关系，及中国振兴策。

梁启超称，国家之强弱，依靠的是国民的"志趣、品格"，志趣、品格源自社会数千年培养的习惯。中国弱的原因，他认为，第一是由于心怀错误的"理想"，把天下当作国家，把朝廷当作国家，不知国家与国民的关系。第二是因为"风俗"，人们有"奴性""愚昧""为我""好伪""怯懦""无动"六因。议论国家、剖析国民性之弱点，体现了梁启超的分析的深刻。这些中国的国民性皆与西方拥有的强项相反。第三，这些弱点是统治者之政术所致。所谓政术，就是"驯之""餂之""役之""监之"。第四，满洲王朝带来的。虽然写了很多，但作为最新的例子，其列举的是当今皇帝发扬"民权"（戊戌维新）而被毁一事。

"积弱"之理由，最重大之总因在于"国民全体"，部分原因在于西太后。故望大家须皆自觉"国也者，吾之国也"，待同心之同志之奋起。

这一对"积弱"原因的探求，作为对自己国民弱点的历史剖析，有些过于严厉了，在断言西方强中国弱这一正反关系上，也有些偏颇。但因他欲以华侨为基础组织小型国家（商会）而用时近两年遍访各地，最后作为总结，把不能成功的原因归结于国民性，也可以尊重他的这一判断。如此，的确应该把改造国民性提上日程。半年后，因阐释国民性的改造而博得绝对人气的《新民说》就出炉了。

还有《十种德性相反相成义》（《清议报》第82—84册）。所谓"十种德性"，指的是"独立与合群""自由与制裁""自信与虚心""利己与爱他""破坏与成立"五对十种性质。他们正如数学上的正数与负数、电流中的正极与负极一样，是"相反相成"的关系，讲的是尊重个体与整体之间的和谐。在"利己与爱他"中，梁启超根据加藤弘之的《道德法律进化之理》阐释以利己心为基础而生爱他之心。这也是为创办《新民丛报》准备的一篇文章。

2. 谭嗣同与《仁学》

梁启超在《清议报》上发表的文章中，尤为重要的是谭嗣同主著的《仁学》。无需赘言，为政变中牺牲的同志出版遗作，对活下来的幸存者而言理所应当。在现实生活中梁启超把谭的遗作发表在了自己的杂志上，但是发表的方式，把死去同志的遗作看作是活下来的人分担的责任这一点，却有常人难以理解之处。

从《清议报》第2册到最后一期第100册（1901年12月21日），《仁学》在"支那哲学"一栏连载了整三年。历时超长，中间经历了两次中断。中断反映了梁启超认真对待《仁学》发表一事的精神轨迹，接下来将追溯这一轨迹并进行阐释。

从第2册开始刊登，原本就有问题。创刊号的目录中有一句声明，本志刊登"支那哲学的新论"因篇幅原因从下期开始。第2册新设"支那哲学"一栏，刊登了梁启超的《校刻浏阳谭氏仁学序》和谭嗣同的《仁学》，所以很明显，梁从创刊号开始就有意刊登《仁学》。篇幅云云不过是托辞，其实是所写的《序》未

第2章　思想

赶得及刊登。

> 呜呼，此支那为国流血第一烈士亡友浏阳谭君之遗著也。烈士之烈，人人知之；烈士之学，则罕有知之者。……其于学也，同服膺南海，……《仁学》光大南海之宗旨，会通世界圣哲之心法，以救全世界之众生也。

要点在于谭嗣同是康有为的弟子，《仁学》为发挥康有为学说的读物。这一观点从上述《知新报》上的《谭嗣同传》可见端倪，不过在梁启超的这篇《序》中表达地更加鲜明。《谭嗣同传》表现出谭对梁言辞中的康有为学说，即儒学上对"《易》《春秋》之主义"（即唯孔子之学正确）、"大同太平之理论"（即在"三世说"基础上的发展史观）、"乾元统天之奥义"（万物由"气"之终极"元"构成的宇宙观）等理解的大为钦佩。

《仁学》是讨论"仁"和"学"的著作。"仁"为"天地万物之根源"，"学"乃数学（算学）与科学（格致）。[1]谭嗣同根据19世纪被看作是"学"之成立根据的以太说构想出一个宇宙论，

---

[1] 西順蔵・坂元ひろ子訳『仁学』原理〔界説〕第11条、第26、27条。下文"万物一体之仁"说，参见島田虔次「中国近世の主観唯心論について」,『中国思想史の研究』。

通过将"仁"之第一义的"通"表现为以太，将两者结合起来。这样借助西洋科学而出现的谭的"仁"之学说，被称作中国思想史上处于最后阶段的"万物一体之仁"说。

由以太说为基础的宇宙论可以联想到的是津田真道。津田1861年的文章《性理论》[1]，由宇宙论、人间论、教育论三部分组成。其宇宙论认为，在拥有无限时间空间的宇宙中充满了以太，万物之"生生"为以太之变形，这一点与谭嗣同相同（更进一步说，在人间论中，在把人身之主宰看作是"脑"的作用方面，两者也基本相同，而以往认为是"心"）。津田真道与谭嗣同，在时间上相隔近40年，两人可以用来学习的书籍大概亦完全不同，但彼此的观点却如此一致，不免让人推测，在可以脱离各种先入为主的偏见的独立思考中，存在某种共同的东西。

不过，谭嗣同的《仁学》绝对不是对康有为学说之发挥。尽管如此，梁启超却依然将谭定位成康的弟子，其目的是为了利用谭较高的社会评价使康偶像化。虽然比起伪造遗言，梁启超的这一手法在程度上要轻，但在造假这一点上两者没有区别。这篇序文

---

[1] 津田真道「性理論」、大久保利謙編『津田真道全集』上。有关解释，可参见狭間直樹「西周のオランダ留学と西洋近代学術の移植」。

在梁的请求下也发表在东京帝国大学哲学会的《哲学会杂志》第145号（1899年3月），所以也是一份面向日本人积极发声的作品。

此后，《清议报》第4册刊登了梁启超写的《谭嗣同传》，作为《戊戌政变记》的一部分。其中赫然写着谭自称康的"私淑弟子"，"为发挥康有为之学理而创作仁学"。此外还像下面这样记录了谭嗣同与梁启超的关系。政变当天，谭请求梁取得日本公使馆的合作把康有为救出来，次日到达日本公使馆的谭，说出"程婴杵臼[1]、月照西乡"，要其各司其职，建议梁启超流亡日本，并在那时将其带来的数册著作、诗文原稿和一箱家书托付给梁。谭的著作包括《仁学》在内，悉数由梁保存，梁又收集了书信等，希望编纂谭的遗作集，首先选了比较易懂的《仁学》，开始刊登在《清议报》上。

换言之，救出康有为逃到日本公使馆，甚至流亡日本各司死者、生者之职，都是谭嗣同提出来的。并且谭嗣同已经开始着手

---

[1] 程婴杵臼是死者、生者各司其职而有名的春秋时代的故事。为了保护被晋国大夫屠岸贾所杀害的主君之遗孤，公孙杵臼带着他人之子潜入山中，让程婴去告密而被杀害。程婴秘密守护晋公遗孤十五年，长大成人后的遗孤在报仇之后自杀，以报答杵臼。该故事成为元曲《赵氏孤儿》的素材。《去国行》中，虽然只有南洲、月照，但梁启超此处又加上了中国的故事。

这一准备，把士大夫最看重的著作和家书托付出去。也就是说离别之际的重要事情都遵从的是谭嗣同的安排。

这份《谭嗣同传》没做修改，便在之后收录到《清议报全编》、单行本《戊戌政变记》，甚至《饮冰室合集》等各种文集中，在社会上广泛传播。并非没有人对其中的部分叙述表示过质疑，但因为出自同为戊戌维新的同志梁启超之手，所以这份传记长久以来就被当作是一份可靠的史料来用。

然而，令人意外的是这份标明"梁启超撰"的传记中，却没有提及作为同志传记拥有最重要意义的那份写给康梁二人的遗言。这是否定存在那份发表在他们自己机关报《知新报》上的遗言的大事。但梁启超还是这样做了。这么做的理由，比较妥当的推测应该是，正因为是遗言，所以梁启超在自己写的传记中不愿使用曾参与伪造的史料。几乎从不违逆康有为命令的梁启超，这时候表现出了一点违抗师尊的态度。

现在回到《仁学》的发表问题，追溯其经过。

《仁学》从《清议报》第 2 册一直连载到第 14 册，然后没有任何说明便中断了（刊登的内容在量上约为全稿的 5 成）。此次中断不只是在文段中间，栏外下面还写着"此稿未毕"。之后"支那哲学"栏持续到第 34 册，但并没有刊登《仁学》。

中断刊登亡友的遗作，非寻常之举。敢于这样做，梁启超应有其不得不作此决断的原因。可以想到的理由，是从第 11 册开始采用的新的编辑方针，致力于介绍"立国之本"的西方之学。"仁学"的"学"为西方之学，指的主要是自然科学。而在新编辑方针下开始刊登的伯伦知理的《国家论》是社会科学。如果梁启超是因新方针的要求，而中断连载《仁学》的话，是合乎逻辑的。果不其然，1900 年 4 月，梁启超在给康有为的一封信中批评《仁学》"惜少近今西哲之真理"（《年谱》，第 237 页）。

此"西哲之真理"意为国家主义，这一点从后来《清代学术概论》中所作的自我批评可以得见。流亡日本后，"渐染欧日俗论，乃盛倡褊狭的国家主义"，对亡友（谭嗣同）惭愧至极（《清代学术概论》，专集 34，第 69 页）。

不过，《清议报》从第 44 册开始到第 46 册，又开始连载《仁学》（分量上约占整体的 1 成）。这是梁启超离开日本前往夏威夷时候的事情。负责留守的麦孟华、欧榘甲等苦于文稿不够，又重新开始连载手边既有的稿件。但是，这在因有悖编辑方针而放弃连载《仁学》的梁启超看来，是不能容忍的。大概是拿到第 44 册之后，梁启超马上电报通知横滨停止连载，所以第 46 册文末写着"未完"之后，就再次中断了。

然后终刊第 100 册一次性刊载了《仁学》剩下的所有内容（分量上约占整体的 4 成），《仁学》在《清议报》上的连载结束了。考虑到其中的三期连载有悖于梁启超的意愿，梁启超是在连载一半的时候叫停，经历了两年半多的时间，最后的最后才把剩下的内容连载完。需要提及的是，第 35 册以后，仅上述四期有"支那哲学"一栏，刊登的都是《仁学》。

期间，东亚同文会上海支部的机关刊物《亚东时报》在第 5 号至第 19 号，连载了《仁学》全文。时间是 1899 年 1 月到次年 2 月，使用的是谭嗣同的刎颈之交唐才常保存的原稿。

此处强调"全文"，是因为《清议报》上的《仁学》经过梁启超的筛选，删除了一部分。梁启超删掉的是不符合康有为"宗旨"的地方，具体指的是"自序"及第八条、第十条。这些内容否定三纲、忠孝等，与康的思想相悖，也就是有碍于主张谭嗣同为康有为弟子的部分。学统、学说的恣意评价自不必说，甚至还对原文做了改动。

梁启超得以在《清议报》第 100 册一举登完《仁学》的剩余部分，背景极为复杂。这么说是因为在该报刊登完成之前，梁启超已经匿名出版了《仁学》单行本（图 6），即 1901 年 10 月 15 日国民报社出版的《仁学》。

第 2 章 思想

众所周知，1901 年夏，国民报社在东京出版了四本杂志《国民报》。因是秦力山等人组织的杂志社，所以革命派的色彩比较浓，但秦曾作为梁启超的弟子帮助过《清议报》的编辑，所以与梁启超的关系也颇深厚。单行本《仁学》虽然完全没有登出版信息，但肯定是梁出版的。

图 6　谭嗣同:《仁学》，国民报社 1901 年版。

单行本《仁学》收录了谭嗣同（号壮飞）的原稿《仁学自叙》《仁学界说》，以及全部 50 节正文（没有梁启超的"序"）。卷首是谭嗣同像（与图 3 肖像部分同），另外还有附录——未署名的《谭嗣同传》（以下称"单行本谭传"）。"单行本谭传"虽然与近三年前《清议报》第 4 册上连载的梁启超《谭嗣同传》（以下称"清议报本谭传"）相同，但又完全不同。两者为同一内容的理由是，传记的灵魂"论赞"中的 475 字完全相同；完全不同的理由是，传记的正文迥异。

"清议报本谭传"的正文约 2800 字，而"单行本谭传"的正文约 1440 字，只有前者的一半。这一差距是由于后者对前者做了大幅删减的缘故。删掉的是记述谭嗣同与康有为、梁启超以及袁世凯之间关系的内容。无需赘言，康、梁以及袁之间的关系，对谭嗣同的传记而言是最为关键的部分，然而"单行本谭传"却几乎把这些内容，全部且极为细致地删掉了。

首先来看谭嗣同与梁启超之间的关系。补充一句，《知新报》上那篇声称梁译自"日本东京报"的谭传中，隐藏着谭嗣同的遗言，但梁启超自撰的"清议报本谭传"中却没有，这一点前文已有叙述。尽管遗言是写给传记作者的，但要证明传主关于生者、死者之职责分担云云的遗言，没有比这更重要的资料。在"清议报本谭传"中，梁启超用比作"西乡月照"的职责分担云云之情景代替了《知新报》报道中的内容。

对梁撰写的谭嗣同传而言，谭嗣同1898年9月5日进京到25日被捕这段高潮中，尤以谭嗣同提出生者、死者各司其职，梁启超由此流亡，最为核心。然而，"单行本谭传"却把包括这在内的有关谭与梁之间关系的叙述全部删掉了。连托付给梁的遗著《仁学》的相关叙述也删地一干二净。也就是说，虽然"清议报本谭传"写着《仁学》等著作"皆在余之处"，但在"单行本谭传"中却变成，君死后这些"皆散逸"，变成遗作踪迹不明了。

"清议报本谭传"中另一个关键是谭嗣同与康有为的师徒关系如何。在"单行本谭传"中，这部分内容被更加彻底地删掉了。

被删掉的内容,此处不作一一列举,从几个字到几十个字不等。简言之,"清议报本谭传"无论从人格还是思想,把谭描写成康有为弟子的内容,在"单行本谭传"中都被抹杀得不见任何痕迹。有关袁世凯的内容,此处不再涉及。

谭嗣同与梁启超、康有为关系甚为密切乃是事实,将之完全抹杀的"单行本谭传"的记述是不正确的。但是,单行本《仁学》却将之附录在后,目的是为了否定"清议报本谭传"中刻画的谭嗣同形象。也就是说,"清议报本谭传"的叙述,在某种不同的意义上也是错的。

为了让读者理解《仁学》的真正价值,梁启超认为有必要否定谭嗣同是康有为之弟子,否定谭的学问是对康有为学说的发挥,以便从这一束缚中解放出来。"单行本谭传"没有署名,大概是为了让这一转变在表面上做到不着痕迹。此后一个世纪,"清议报本谭传"作为信史被使用,证明梁的这一秘密企图有效果。

但是,谭嗣同并非康有为的弟子这一形象还需要宣传。单行本《仁学》出版三个月前,《清议报》第 85 册即已登出销售广告。上面写着"鄙人三年来,只闻此书名,惜其秘而不传","今由友人之手得之,焚香高声朗读",以此说明发掘的是此前被埋没的文章。笔者对该单行本与过去在《清议报》上的连载之间的关系存疑，不过现在暂且不提。

这份广告甚至还称，该书是在博览"泰西之科学（格致学）"、法律学、政治学、社会学、哲学、神学、数学、经济学（计学），以及"光学、化学"等各种专家书籍之后写成的宝书，其中之新理，含有许多西方学者都尚未发明之内容，将来须翻译成"西洋语"，让"文明国人"读之，知吾国有人物也。文字虽然过于夸张，但却强调了这是一部完全有别于康有为之学说的书，是谭嗣同一己之学。

接着，《新民丛报》创刊号（1902年2月）的新刊介绍栏中登出了谭嗣同遗著《仁学》的介绍文章。这是单行本出版之后近四个月的事。如前所述，期间《清议报》第100册出版，一举将《仁学》剩余部分连载完。或许是受此影响，其中写道"横滨清议报馆印，东京国民报社再印"，清楚介绍了出版方清议报馆与国民报社的初版、再版的关系，表示杂志连载与单行本出版之间的关系如上。介绍文章没有署名，但应该是梁启超的文字。

其中对《仁学》的出版经过和意义是这样介绍的。谭嗣同从1896年到次年，撰写完成书稿后，因担心震惊世人，仅向一两位同志展示过，并没有秘密出版。作者为民牺牲，立下大功而亡，所以要在此出版。作者是开辟我国政治界、学术界的伟大功勋者。其著作《仁学》是以"佛教学与科学（格致学）"为依据，吸收"心理学（魂学）"、伦理学、政治学、经济学（理财学），贯彻"平等"这一"大理"而自成体系的巨著。为根治我国人之"奴隶根性"，家家户户须必备此书日日阅读。本书思想并非"纯然一家之哲学"，所以难免有杂驳之言，却是"不通欧美任一语言文字之著者"完全不靠外国书籍而发明的"无上之思想"。著者为"至诚"之人，该书将"心中积累的诚"通过语言表达出来，并非只教理论之书，而是"用其精神使读者受到感化"。若能如此，则谭嗣同虽死，其精神亦将永生。

也就是说，《仁学》为至诚之人谭嗣同的著作，是把其学到的"诚"根据诸学之理阐释出来的书籍，读者应该可以通过学习其精神而根治自己的奴隶根性。只要这个"诚"乃基于"平等"之关系性而实现，《仁学》在"万物一体之仁"的清末就是优秀的论说，在梁启超看来是为陶冶国民性而必须动员的遗产。

3.《清议报》的功绩

《清议报》第100册出版于1901年12月21日，是有近300页、版面超过平常4倍的大本，不过已声明作为纪念号，为第100—102册的合刊。一举连载完剩余所有内容的《仁学》占了其中的

42页。虽然刊登了各种文章作为一个阶段的完成,但最重要的是梁启超的卷首语《本馆第一百册祝辞并论报馆之责任及本馆之经历》,称虽然中国向无所谓祝典之先例,但学习外国,祝贺第100册以告一阶段。

文中,他称报馆的责任在于"国家之耳目也喉舌也。人群之镜也。文坛之王也。将来之灯也。现在之粮也"。自述《清议报》一直以来尽力于这些责任,并提出《清议报》刊行的宗旨,详细分析刊登的文章。

《清议报》宗旨中,第一是"倡民权",坚持将其作为独一无二之主旨,努力普及;第二是"衍哲理","读东西诸硕学之书,务衍其学说以输入于中国";第三是"明朝局",揭露戊戌政变、义和团事件等危险状况中的阴谋诡计,指斥权奸;第四是"厉国耻","务使吾国民知我国在世界上之位置,知东西列强待我国之政策,鉴观既往熟察现在以图将来内其国而外诸邦。一以天演学、物竞天择、优胜劣败之公例,疾呼而棒喝之,以冀同胞之一悟"。"此四者实惟我清议报之脉络之神髓。一言以蔽之,曰惟有广民智振民气而已。"

此处需要留意的是这四条与曾在创刊号上登出的宗旨,甚至是第11册上的改订章程,在用词上是不同的。通观全部100册,可以发现,梁启超有尺度地阐释了新确立的宗旨。

以下是他对每篇文章的点评。内容最重要的例子,他首先提到的竟然是谭嗣同的《仁学》。这篇文章曾一度中断连载,完成连载的方式也极为奇特,所以令人感到不可思议,现在先来看一看梁启超是怎么说的。梁说《仁学》是"宗教之魂、哲学之髓","冲重重之网罗,造劫劫之慧果。其思想为吾人所不能达。其言论为吾人所不敢言。实禹域未有之书。抑众生无价之宝。此编之出现於世界。盖本报为首焉"。

不消说,这一评价直接关乎《新民丛报》的新刊介绍。即该书在思想上绝不是对康有为学说的发挥,而是对众生拥有无限价值、独创之作品。如前所言,新刊介绍指出,其核心价值在于谭嗣同思想之根底——"诚"。

以"诚"为新思想的旗手,为创建国民国家的主体,是时代变革期经常可见的情况。无论是幕末,还是清末,在传统价值动摇的情况下,自律精神不再依赖旧有的权威,需要去发现自己的"诚",使彼此成为一体。谭嗣同把贯彻于内心的"通"来救济众生的思想,与自己主动成为刑场之露而消失的决心连接起来,的确应该得到高度评价。可以认为,梁启超把谭嗣同与一直逃避站在起义前线指挥的康有为作比较的时候,深刻地认识到了这一

图 7 梁启超:《饮冰室自由书》,商务印书馆 1916 年版。

点。由此,梁启超在与死的联系中,较多地提到了"诚",他所处的窘境已到这般地步。

第二篇是《饮冰室自由书》(图 7)。饮冰室是梁启超的室名,"自由书"的意思是近代自由以及与此相关的各种问题的读书笔记,从第 25 册开始连载。如文章"叙言"所言,题目是根据约翰·穆勒(John Stuart Mill)的话"人群之进化。莫要於思想自由言论自由出版自由。三大自由"而来。当然,还有论"破坏主义"对新社会建设的功效等思想问题,关涉的题材相当广泛。

近代的自由与过去的任性意义不同,以不侵犯他人自由为基础,为保卫自己的尊严须严格坚守。他自夸,《自由书》中的每篇文章虽然都是片段式的,但是对于阐释事情的本质不在于外形而在于"精神"一事非常有效。

第三篇是近代政治学的基础伯伦知理的《国家论》与《政治学案》。《国家论》是作为章程改定的标志而开设的"政治学谭"一栏的专栏文章,所以在上一章的第 4 节做了非常仔细的解读。

列为《清议报》的功绩,应该也是适当的。

在梁启超看来,以伯伦知理国家有机体说为依据的国家论是最优秀的学说,也应是最适用于祖国改造的理论。且他的发展观框架是由社会进化论所支撑的,该学说也是与最先进的历史阶段相对应的。

与"政治学谭"只有一字之差的"政治学案"栏目,设于《清议报》末期,第96—100册,包括托马斯·霍布斯(Thomas Hobbes)、巴鲁赫·斯宾诺莎(Baruch de Spinoza)、卢梭等人的文章。所谓"学案",是中国思想史上称呼学说史或学术史评论的术语。"政治学案"专栏与接下来的《新民丛报》"学说"专栏有关。总之,"政治学"是作为章程改定的标志而提出的,所以当然会被列为重要功绩。

如上,梁启超选择了对《清议报》贡献最大的三篇文章,第一是存在于活着之根本精神中的"诚",第二是作为人应有的思想核心"自由",第三是作为学理,应理解并掌握的"国家学"。这三点是梁启超来到日本后,在《清议报》时代的三年间,以日本为基地,在夏威夷、澳大利亚等地活动的同时学到的最重要的知识。

连载完《仁学》并作出这一评价后,应该说梁启超对谭嗣同履行了生者的义务。国民报社出版单行本《仁学》,为走到这一步发挥了隐形的辅助作用,拥有重要的意义。

进一步，可以这样概括有关《清议报》本身的历史评价。报刊"有一人之报，有一党之报，有一国之报，有世界之报"四个阶段。世界之报，以全世界人类的利益为目的。我们的《时务报》《知新报》虽然达到了一党的水平，但止步于此。《清议报》已发展成为一国之水平，所以还需进一步努力上升为世界的水平。这个决心在《新民丛报》中得到了充分的体现。

《清议报》第100册还需要注意的有梁启超的《南海康先生传——康有为先生所言哲学之一斑》。南海既是康有为的出生地，也是他的号。梁鲜有谈论其老师。此前，他于1899年5月13日在东京帝国大学哲学会春期大会做了一次以《论支那宗教改革论》（《清议报》，第19—20册）为题目的演讲。把"宗教改革"加入演讲题目中，是因为他阐释的是康有为的学说。从西方现在的文明史由宗教改革与文艺复兴而来这一认识出发，他认为中国也应该这样进行。

哲学会一方，大概希望了解这位得到清朝皇帝的信任、变法维新的推动者康有为的最新学问。因康有为已离开日本，所以由留下来的梁启超进行这个话题。参会者有会长加藤弘之、重野安绎、井上哲次郎、渡边洪基、姊崎正治等20多人，除姊崎为同龄人外，其他都是年长许多的杰出学者，所以27岁的梁启超定然大为紧张。

讲演的内容是梁启超谈康有为的学说。一国之强弱与国民的知识、能力相关,知识能力与思想相关,思想与习惯、信仰相关,只有宗教才是铸造国民头脑的良药。在古代,中国的春秋战国时期并不逊于希腊,但此后却逐渐衰落直至陷入今日之窘境。为了摆脱这种状况,必须复原孔子的"真面目",发挥"真教旨",由此整理为以下六条内容。

(1) 孔教乃进化主义,非保守主义。
(2) 孔教乃平等主义,非专制主义。
(3) 孔教乃兼善主义,非独善主义。
(4) 孔教乃强立主义,非文弱主义。
(5) 孔教乃博包主义,非单狭主义。
(6) 孔教乃重魂主义,非爱身主义。

此处省略梁启超引经据典的细致说明,前四条从字面意思可以理解,没什么问题。第五条主张的是,孔子的大同教,与佛教的大乘教相同,可以包容一切。第六条当时说漏了,但在《南海康先生传》中称"魂"乃重视"身"死后社会连续性之物,不只考虑现世的自己，应舍身救天下。

且不说主义的命名是否恰当，其给予肯定的这六主义，全部皆为近代人民必须体现出来的思想。平等、兼善、博包、重魂主义，都是社会性的人在建立相互关系中不可欠缺的，它们的有无，是横跨在发达的西方与落后的中国之间的落差，西方经过宗教改革实现了。因此，康有为认为中国也应该实行发挥孔子"真教旨"的宗教改革，在这方面，可以说梁启超基本持相同看法。

两年半以后，梁启超写了上述那篇康有为传。传记中他首先讨论了"时势与人物"，称英雄中有造时势之"先时之人物"与时势所造之"应时之人物"。前者的代表是卢梭，后者的代表是拿破仑。"先时之人物"不可缺之德性为理想、热诚、胆气，这几点康先生皆备。还称"若夫他日有著二十世纪新中国史者，吾知其开卷第一叶，必称述先生之精神事业，以为社会原动力之所自始"。

不过，先生虽然是"大教育家"，但却存在没有"国家主义"的缺点。虽然重视"个人的精神"与"世界的理想"，却不能凭此"操练国民以战胜于竞争界也"。

作为宗教家的先生，是以复兴孔子教为第一的"孔教之马丁路得"。此处列举的六条大纲，虽然语句与顺序不同，但基本上与哲学会讲演中列举的六条相同。不过，需要说明的是，前面的"乃

第 2 章 思想

博包主义,非单狭主义"改成了"乃世界主义,非国别主义"。"国别主义"不为人所熟知,在教育家这一项中,还用了"国家主义"一词,不久后者变得普及使用开来。也就是说,梁启超指出,康有为作为宗教家,也与教育家一样,均有不具备国家主义的缺点。

作为哲学家,他视康有为为博爱派、快乐派、进化派、社会主义派,用较多篇幅介绍了与之相关的内容。其中也有不少"土地公有(土地归公)""男女同权"等令人感兴趣的地方。但梁自称"自十年前,受其口说,近者又专驰心於国家主义,久不复记忆,故遗忘十而八九",以另一种方式批评康有为缺乏国家主义。

关于政策,他指出康在中国虽然最初倡导的是民权,实施的却是君权,主张与现实之间存在距离。说康有为"谓之政治家,不如谓之教育家;谓之实行者,不如谓之理想者"。一言以蔽之,乃"先时之人物"。而此处用词"先时之人物",也是一种敬而远之。

如上所述,他将师傅康有为定性为世界主义,把自己定性为国家主义,这种对国家的强烈关心,在学理上从《清议报》上发表伯伦知理的《国家论》即已开始。另外在实践中,他通过在夏威夷、澳大利亚华侨社会的经历,获得了与以往不能相比的经验。补充一句,梁启超第一次使用"国家主义"一词是在《国家思想变迁异同论》(《清议报》,第94—95册),比"世界主义"早了约两个月。梁启超对国家主义以及与之对应的世界主义的认识,在《清议报》时期确立起来。

思想上的问题基本可以从术语的用法得出正确的判断,但那时,梁启超在感情上乃至资质上,甚至人赖以存在的根本精神这一层面,都开始对康有为抱有极大的违和感。明确将之形成文字,是在前文提及的武装起义中领导人的前线指挥问题。梁启超曾直截了当地在武装起义时写道:"先生之亲统军,万不可以已也。自古未有主将不在军中,而师能用命者"(《年谱》,第218页)。

在与敷衍对待这一请求的康有为作比较时,谭嗣同的"诚"更显得熠熠生辉,这是显而易见的道理。再加上这一时期还有尚未完全表面化但已经存在的捐款使用问题,对包括邱菽园的巨额援助等募集来的资金没有做出必要的分配部署,肯定会让相关人士感到疑惑。

无论在思想上还是感情上,梁启超对康有为都已有不满之心。但是,关于自由与服从的问题,"先生所示自由服从二义,弟子以为行事当兼二者,而思想则惟有自由耳。思想不自由,民智更无进步之望矣"(《年谱》,第278页)。可以说,除1917年宣

第 2 章 思想

统帝复辟之时，对于参加复辟阵营的康有为，他敢于站在讨伐军一方以外，梁启超终其一生都保持了这一立场。在与康有为的师徒关系以外，还有与新派同志们之间可称作是牵绊的强韧的人际关系，梁启超的所有言行都在这一关系网的基础上展开。

然而，梁启超撰写这一康有为传，表明了他在思想上与康是完全不同的另外的立场。由于这是同一水平上的批判，所以也可以说是梁启超从此脱离康的思想的独立宣言。反过来说，由于他与康的学说、思想保持了距离，所以"自三十以后，已绝口不谈'伪经'，亦不甚谈'改制'"。"伪经"指的是《新学伪经考》，"改制"是《孔子改制考》，皆为公羊学者康的代表作，是康有为学说的主干。

与康有为的诀别，也代表梁启超确立了整体上将儒学所代表的传统文明相对化的视角。这让他能以开放的精神直面西方近代文明这一他者的接受问题。创办《新民丛报》时，梁启超已自觉地站在了这一立场。

《清议报》停刊时，梁启超的流亡生活已经过去了整整三年。梁启超为康有为的《日本书目志》撰写跋文，称中国若要自强，必须吸收日本明治维新以来积累的西洋学术的翻译成果。其来日前关于日本的知识，从当时的水平来说虽然已相当不错，但来日后看到的现实远远超过了他的理解，因为政治学、经济学、哲学、社会学等，有关人们活动与生活的"根本之学"的书籍大量流通。《论学日本文之益文》（《清议报》，第10册）就是试图将人们的目光转移到此处的一篇文章。

来日后仅半年，上述文章即已论及《和文汉读法》。该书是梁启超与罗普的合著，是一本入门书，认为日语中汉字占七八成，中国人几天就可以读个大概，半年就足以书写。从剩下的文章来看，梁启超的确非常快地掌握了日语的读解能力。其实践的结论就是上述这本《和文汉读法》。从题目来看，谁都可以注意到这模仿的是《汉文训读法》。但是，《汉文训读法》具备符合日语文法的体系，而《和文汉读法》并非基于日语、汉语的任何一体系，只是一种简易理解术，这一点上，两者性质完全不同。从梁作的增补版不断出版来看，的确能感到只看汉字就可以多少理解日语意思（自以为理解了）的便利，但非"正规"之"变相"的速成学习法，其存在的问题在此后很长时间内都备受争议。

第 3 章　精神
——《中国之新民》

《新民丛报》创刊号封面（初版）

改造中国人的精神，使之成为"新民"，是梁启超的目标。为实现这一目标，梁启超创办了《新民丛报》。在以笔名"中国之新民"撰写的论说《新民说》中，他用极优美的新文体，热烈地阐述要培养西方国民所具备而中国人欠缺的"公德"，即作为近代社会的一员应具备的道德。因一并广泛讨论了与"新民说"相关的人文、社会科学的诸问题，受到了准备开创未来的知识分子的压倒性欢迎，论坛的思潮由此为之一变。但是，随着时间的推移，发现普及"公德"并不可能以后，梁启超开始改变立场，主张培养"私德"，不久便不再撰写《新民说》了。署名"中国之新民"的文章体现了时代之风尚。

1.《新民丛报》

1902年2月8日（光绪二十八年壬寅春节），梁启超在横滨创办《新民丛报》。阳历虽然在日本已经普及，但华侨社会还是与祖国一样按照阴历活动。《新民丛报》为半月刊，一直发行至1907

年 11 月的第 96 册。约六年的时间只出版了四年的刊物，所以期间出现了落款与出版日期严重不符的情况。

"发行兼编辑人"是在横滨居留地从事印刷业的英籍华侨冯紫珊。他与兄长冯静如一起支持了梁启超在日本的活动。资金由横滨华侨支援，同志蒋智由、麦孟华、罗普等人帮助编辑。这份在中国近代史上发挥了最重要作用的杂志在此诞生。

《新民丛报》在《清议报》停刊 50 天后创刊，距离梁启超流亡日本已经过去了三年多。世纪变化的这三年间，对中国而言是非常艰难的时期。众所周知，1900 年高呼排外的义和团席卷整个华北。6 月，西太后利用义和团向列强宣战，败给八国联军后于次年 9 月签订和约。赔偿金以清朝统治下的人口 4 亿 5000 万人推算，每人一两，共计 4 亿 5000 万两，39 年分期支付，本息合计共 9 亿 8000 万两，是超过清朝十年收入的天文数字。

图 8 横滨居留地的本町通：冯紫珊经营的印刷所附近（出自有邻堂、北京大学图书馆编《"孙文と横浜"展》、有邻堂 1989 年版）

八国联军侵占北京时，西太后带光绪帝逃往内地西安（蒙尘）。对外战争的失败，加上国内统治权威的丧失，两宫回到北京是在和约签订后，1902年1月初。在梁启超滔滔不绝谈论的贯彻生存竞争、优胜劣败法则的民族帝国主义时代，清朝的命运以最最悲惨的现实教训体现出来。

或许是已经充分意识到这一历史背景，梁启超在《新民丛报》的封面上采用的是将清朝区域标红的三色印刷的地图（参照本章首页图片）。这一封面基本上在第一卷全24册没有变化，大概是为了培养民众对祖国的印象，提高民众的爱国心。

创刊号的卷首还折叠进去多色印刷的地图《十八省各国势力范围》。"十八省"是指长城以南，原汉族居住的区域。使用的国名是日本式的英国、鲁国、独国、仏国，福建省还被用别的颜色标为"他国未侵入地方"，显然采用的是日本制的地图。

创刊号上刊登列强的势力范围，是梁启超苦思之举，不过大概只有第一版刊登了。不知何故，后来的版本中删掉了这一势力范围图。普及的中华书局等的影印本收录的是被删掉以后的版本。

已经在《时务报》扬名的梁启超，通过出版《清议报》变成了维新派的代表性评论家，通过出版《新民丛报》确立了作为中国文明史的转换、"知"的近代化转移的主角地位。支持梁启超的维新派重要人物黄遵宪高度赞扬称"《清议报》胜《时务报》远矣,今之《新民丛报》又胜《清议报》百倍矣"(《年谱》第3册,第274页)。

对于《新民丛报》的实际影响,从中国的代表性自由主义思想家胡适,到中国共产主义领导人毛泽东,几乎所有立志改革中国的知识分子都曾提到。1904年进入上海的中学读书的胡适,几乎同时读到了这份杂志,在其自传中仔细描绘了为其中之一言一句所倾倒的样子。而湖南的毛泽东,在辛亥革命爆发的前一年来到省会长沙得到这份杂志,即类似一种思想全集,对这份当时已停刊的杂志反复阅读,几乎到了可以"背诵"的地步。

稍后的20世纪20年代,在中国的"大革命"即国民革命旋涡中奋斗的启蒙宣传家何干之,对《新民说》给予了"中国第三阶级的人权宣言书"的历史评价。这句话把20世纪中国被压迫民众的国民比作18世纪法国的"第三身份",深刻体现了想要把中国革命置于世界史发展中的想法。

发行量可以更直观地表现《新民丛报》的影响力。《新民丛报》创刊号印了2000份,加上增印,一年后达到9000份。其他期也各有增印。由于是在流亡地横滨出版的,所以不用说这一数字是相当可观的。再加上每年都会出合订本，第一年的合订本（6册一本，共4本）在一年多的时间里发行了35000份。尽管如此依然有错别字很多的盗版横行，为此《新民丛报》甚至打出广告称为杜绝盗版还要加印5000份。

以上数字虽然有些夸张，但可以确定销量惊人。清朝虽然将其列为禁书，但该杂志也被半公开带到国内。上海等地因为有租界，所以书籍的流通基本上是自由的。即便在没有租界的城市，外国人经营的公司等也被用作销售途径。再加上盗版等，范围更广。若把盗版包括在内，《新民丛报》的流通量应该能够满足城市中所有知识青年人手一份。

为了让中国变身为近代国家，将今天的民重新铸造成"新民"，梁启超创办了《新民丛报》。发表在创刊号上的"宗旨"如下：

（1）本报取《大学》"新民"之义，以为欲维新吾国，当先维新吾民。中国所以不振，由于国民公德缺乏，智慧不开，故本报专对此病而药治之，务采合中西道德以为德育之方针，广罗政学理论，以为智育之根本。

（2）本报以教育为主脑，以政论为附从。但今日世界所趋重在国家主义之教育，故于政治亦不得不详。惟所论务在养吾人国家思想,故于目前政府一二事之得失,不暇沾沾词费也。

(3)本报为吾国前途起见,一以国民公利公益为目的。持论务极公平,不偏于一党派……不为危险激烈之言,以导中国进步当以"渐"也。

在宋代以后的新儒学中,"四书"之一的《大学》作为基本经典受到尊重。"新民"是《大学》三纲领之第一,说的是明白正确人性(明德)的君子将明德推广至他人,洗去以往沾染的污点,重生为新人。结果正如《新民说》第二节所言,"在吾民之各自新"而已,取此"新民"之义,是自觉地把朱子学对人的理解作为基础。但这并非脱离阳明学,需留意他的坚持,将心之本质归类于近代化的自我的"良知"说。

梁称,为了把宋代树立起来的朱子学标签放在现在进行实践,必须以中国与西方的道德为基础,涵养公德,学习西方近代的学问、理论,开发智慧。把基础置于国家主义的教育之上,提出政论时也要努力涵养国家思想。以国民的公利公益为目的,从公平的立场上作渐进主义的立论。

传统的朱子学,对知识分子而言,因科举答案须以其学说展开,所以已深入他们的骨髓。以传统朱子学为基础,进行维新的第一步是创造出具备近代人所必需的西方的道德与理论的新人。所需道德的核心是西方有而中国没有的"公德"。无需赘言,其理论的中心"国家主义"的基础,是伯伦知理的国家论。

《新民丛报》的核心文章《新民说》共二十节,从创刊号到第72号,最初每期都登,后来断断续续共连载了26次。

《新民说》一定刊登在卷首的"论说"栏。署名是"中国之新民"。"中国之新民"这一笔名,是梁启超为了写"新民说"而起。《新民说》连载过程中,从创刊号到第72号,梁启超只有在与其关系较深的文章才使用这个笔名。流亡后,梁启超使用的笔名基本上是对墨子表示敬爱的"任公",但在面对日本政府策划的流放时,他自觉其流亡者之立场,取名"哀时客",在访美之前近一年的时间中,主要用于政论性文章。这与"中国之新民"的反响存在多大的不同并不需赘言,却也表现出了他创办《新民丛报》的积极性。

《新民丛报》自从第73号以后便不再连载《新民说》,专栏名称也从"论说"改成了"论著",其刊登的文章笔名不再用"中国之新民",而用室号"饮冰"。总之,对"新民"的讲究是彻底且明显的。

补充一句,梁启超两年前赴美途中,曾在太平洋上作诗《二十世纪太平洋之歌》。该诗充满了其在船上迎接1900年元旦时，对访问"世界共和政体之祖国"的期望。两年以后，梁启超又在《新民丛报》的创刊号上把它刊登出来，大概也正符合其昂扬的志气。但讽刺的是，如下文所述，1903年他的再次访美，却动摇了《新民说》的立脚点。

"中国之新民"这一笔名在《新民丛报》中用于"论说"专栏以外的情况，仅限于"学说""学术""宗教""历史""地理""传记""政治""教育""时局""法律""生计"各专栏。[1]这说明"中国之新民"的署名文章皆与《新民说》存在有机的联系。若将分载算作一篇的话，相关文章的数量高达169篇。由于只有短短四年的时间（其中约十个月在访美），所以这个数量是惊人的，而更让人咋舌的是涉及的范围之广。

此处值得注意的是，除"生计"以外，"论说"等专栏名称全部采用的是明治时期日本普及的近代汉语。无论是"政治"，还是"教育"，这种两个字词语的用法，虽然在中国古典文献中并非没有先例，但此处使用的是作为近代国家统治作用的"政治"、按照儿童发育应教学课程实施的"教育"等带有近代意义的术语。

---

[1] "中国之新民"之外，以"饮冰"等署名撰写的文章中有"小说""文苑""名家谈丛""国闻短评""政界时评""绍介新著""问答""杂俎"等专栏。没有梁启超文章的栏目有"兵事"。

"生计"是 Economy 的翻译，此外，梁还曾尝试使用过"资生""理财"等翻译。日语中，"经济"一词很早就已固定，作为中文也已相当普及。森时彦曾仔细考证，发现梁启超也曾在此后与革命派之间的论争中普遍地使用"经济"一词，由此让人感到这种讲究中有着个人的意义。或许他已经注意到"经济"的出处"经世济民"一词本身带有一种错位，即覆盖人类社会万般事物的整体性与其作为专业的一科之学的领域名称之间的错位。

近代汉语是为表现源于西方近代文明的事象、概念的新造词和转用词，在19世纪随着与西方接触密度的提高而被制造和使用。

此处列举一两例。前述 International Law 的相应译词"万国公法"，是19世纪60年代中叶，清朝的翻译机构新造的词。国与国之间的规定，适用"公"之义，充分体现了其时代性，在日本也应用广泛。今天用的是国际法。因为随着时间的推移，没有必要再提出"公"之义了。

转用词的例子，可见"演绎"一词。幕府末期，留学荷兰的西周把 Deduction 理解为"推测而来的想法"，转用《中庸章句》中的"演绎"作为翻译。1870年前后，中国也普及了这一用法并延续至今。

上述专栏名称,除"生计"以外,皆包含有近代的意义而固定下来。所谓近代的意义,简单来说,这些词语中包含的领域里的关系性,在前近代为维持"君"的统治体系,仅作为"私"的意义而存在,而在近代,其却变成了以"公"——构筑"民"的政治体系的"公"为核心。举一例来说,针对王侯富豪的庭院,市民"公园"的出现就是明证。

明治维新以后,西方书籍的翻译工作在日本爆发式开展,成千上万的新术语被生产出来,还出现了诞生于清朝的词汇通过日本书籍重又在中国国内使用的情况。总之,仅语言这一项,通过与西方近代文明的接触,在向"近代东亚文明圈"的形成过程中就发生了巨大的变化,梁启超在这一巨变时代的日本出版了《新民丛报》。

原本梁启超认识到"世界中的中国",是在1890年,18岁的时候。进京参加科举考试回来的路上,他在上海看到《瀛寰志略》后才知道地球上存在"五大洲各国"。此时,梁启超的中华天下观念开始动摇,初步获得了世界与祖国与自己的关系这一近代人所必需的角度。不过,在这十多年以后写作的《中国史叙论》(《清议报》,第90册)中,他为自己的祖国没有国名而羞耻。各种苦思之后,他虽然自觉其名自尊自大,但还是决定使用"中国"。这一点需要注意,说明脱离天下观念原来是如此的困难。

《瀛寰志略》是徐继畬的著作，出版于鸦片战争失败后的1848年，是一本世界地志，与魏源的《海国图志》（1847年出版的60卷本等，有3种）一样，都是为了让中华人士注意到世界的重要性的著作。在日本，黑船来航后，大家首先关注的是《海国图志》，自1854年以后的三年里，与美国等相关的部分被翻印成23种著作出版，《瀛寰志略》于1861年被全书翻印。在幕府末期，两书为日本人理解外国发挥了巨大的作用。

然而作为高等知识分子的举人梁启超却不知道《瀛寰志略》这部在东亚文明史中宣告近代开端的书籍。该书出版之后的40多年间，日本结束了维新，还发布了宪法，开设了国会。19世纪后半期，东亚迎来了前所未有的激变时代，日中两国历史的发展出现了令人震惊的差别。

1891年，梁启超成为康有为的弟子，也开始学习西学，这一点前文已有论述。但是，流亡后梁启超看到的日本的实际情况，远远超过了他的理解。中国与日本之间产生如此巨大差异的原因之一，梁启超用《庄子》中的"不龟手之药"作比喻称，中国人没有注意到《海国图志》的真正价值，而日本人理解了它，且断然维新致力于建设近代国家（《文集》7，第97页）。"不龟手之药"讲的是一名男子从漂洗棉絮的人手中买断其制作方法，用于训练水军后来成为一国之主的故事。也就是说如何发挥东西的价值取决于使用的人。灵活运用最接近事情精髓的知识，才是应对时代的关键，这是他的理解。

1853年，日本因黑船来航受到冲击，再联系到清朝在鸦片战争中的惨败教训，此后三年，日本的反应甚至有些过度，马上出版了23种《海国图志》的训点本、和解本。这发生在对此类事情全面禁止的锁国时代。《海国图志》60卷本，1851年有3部、1853年有1部通过船只运到日本，当然这都是在幕府的严格管制下进行的。因此，1854年的版本并非是在日本当局毫不关心的情况下面世的。换言之，《海国图志》在日本的出版，明显反映了幕府试图普及世界知识，培养想要接受它、吸收世界知识的读者层的新形势。

2.《新民说》之公德

《新民说》是《新民丛报》的核心，或者也可以称之为精神。整整二十节的内容从创刊号开始连载至第72号。从册数来讲是出版了三年，但时间是从1902年初到1906年初，长达四年。正如梁启超一直所倡导的，《新民说》的确是一篇阐释学理的文章，但与今天的论文大不相同，所以基本上还应该说是一篇政论文章。

后来,《新民说》作为单行本成为一本独立的书,但其中包含有未完成的章节,仅从这一点来看,与梁启超的众多文章一样,应视之为半成品。

尽管是半成品,但若重新放在时代的潮流中来评价它,《新民说》基本算完成了,从这一点应该肯定它是极为重要的历史作品,这一事实不容忽视。《新民说》的历史意义极高。本书的日译文基本上采用了高岛航翻译的《新民说》。另外,对《新民丛报》实际出版日期的推测,本书依据的是森时彦的匠心之作《东邦协会会报》受赠书目一览表。[1]

《新民说》的确是一篇完整的文章,但由于连续写了四年,写作过程中重点发生了巨大的转移。换言之,可以把它分为第十七节《论尚武》之前的上半部和第十八节《论私德》之后的后半部两部分。上半部讨论的是公德的培养,下半部关注的是在公德之前私德的修养问题。

第十七节连载结束的第 29 号出版于 1903 年 4 月,连载第十八节的第 38—39 号合刊出版于 1904 年 1 月左右。期间还包括

---

[1] 高島航訳『新民説』。其参考的底本是把第 19 节与第 20 节顺序调换之后的中华书局版。森时彦的受赠书目一览,参见狭間直樹編『共同研究 梁啓超』付録二「『東邦協会会報』の受贈書目に見える『清議報』『知新報』『新民叢報』一覧」。

梁启超从 1903 年 2 月到 12 月之间的访美。前十七节用了将近一年的时间连载，而后半部的三节却用了整整两年才刊登完。由于论点转移到了私德的修养，所以论述的立场必须转变，《新民说》的框架发生动摇，梁启超的撰写变得犹豫，陷入僵局。

本节将简单阐述谈论公德的上半部。

第一节"叙论"简洁阐述了整书的主题，国家兴衰取决于构成国家之人民的力量，所以必须了解新民之道。

第二节"论新民为中国今日第一急务"，以"政府之与人民，犹寒暑表之与空气也"为由，称国家发展的基础是人民"各自新"。

第三节"释新民之义"，称中国虽然有"部民"却无"国民"。在今日弱肉强食、优胜劣败的时代中，在"厉固有"之基础上，择他民族之长处而取之，以补己之不足，如此才是新民。

第四节"就优胜劣败之理以证新民之结果而论及取法之所宜"，阐释了要向立于历史发展顶点的盎格鲁撒逊民族（Anglo Saxon）学习"独立自助之风"与"视权利为第二之生命，丝毫不肯放过"的生活态度，成为新的国民。

如前所述，梁启超自认其思想为国家主义。从历史上来看，近代国家是通过以"人权"与"自由"作为原动力的"民族主义"的发展而成的，西方列强进一步发展这一力量，到达"民族帝国主义的阶段"。以这一社会进化论为基础的发展史观,在先前的《国家思想变迁异同论》中已有详细论述,但当《新民说》开始连载时又以盎格鲁撒逊为模范做了概述。显然,梁启超把民族与国民几乎看作是对等的,但当时民族(乃至种族)与国民的区别并不十分明确,所以只能根据上下文进行解读。

第五节"论公德"进入了《新民说》的核心,论述如下。

"公德"是"我国民所最缺者"之一端。人之形成"社会"得以构成"国家",是因为有公德。"独善其身"是私德,"人人相善其群"是公德。公德为"诸德之源",对社会有益的是"善",对社会无益的是"恶"。对道德而言,这是古今东西不变之"道理"。不过,虽然道德的"本源"不变,但道德的"条理"却随社会进步成比例发生变化。野蛮社会与文明社会中的道德"条理"不同。若理解了公德的内容,"新的道德"就会诞生,"新民"就会诞生。梁启超称将会在以下节中阐明"万千条理","实行此公德之方法"。

需要注意,梁启超在此把道德作为不变之"本源",与变化的"条理"做了区分。"条理"亦可称作"外形",所以也可以说两者关系等同于本质与现象。

比较没有公德的中国与拥有公德的西方,梁启超说,中国的旧伦理是"君臣、父子、兄弟、夫妇、朋友"这五伦,西方的新伦理是"家族伦理、社会伦理、国家伦理"。五伦是儒学的核心，但即便父子、兄弟、夫妇几与家族伦理相对应，朋友也只能覆盖社会伦理的一部分，君臣与由国民构成的国家伦理更完全不同。因为有社会伦理、国家伦理，人才能形成社会，构成国家。前者说的是私人与私人的关系，而后者则是对私人集团关系的阐释。私人之间的道德重要性自不待言，但那只是道德的一部分并非全体。全体须覆盖公私。

此处，梁启超把"伦理"看作人与人之间的关系，把"道德"分为人自身以及人与集体之间的关系。可以说通过把伦理定位于道德的一部分，以图应对历史的变迁。硬要说的话，梁所谓公德乃西方近代社会的道德，即便两者在本原中有共同之处，但首先要认识到公德与中国传统伦理之间存在不同的性质。换言之，"公"指定的是人与人之间的社会关系。在此之前，虽然梁也曾使用"公德"，但有这种自觉是从这里开始的。

关于"实行公德之方法"的第一篇文章，是第六节"论国家思想"。国家在今天已通用为一个不需要说明的词语，但对清末的知识分子来说却是难以理解的词汇。因为他们眼前只有皇帝领导的统治体制，而"国家"却是一个人民拥有主权的政治体制。可以想到一段故事，明治初年，民法编纂会推动编纂法典时，当箕作麟祥把 Droits Civils 翻译成"民权",还曾被人诘问"民有权,是怎么回事",待江藤新平会长仲裁后此事才告一段落。

所以,梁启超首先阐述了国家的成立史。过去虽有"部民"却没国民,拥有国家思想,能够自己运行政治的人称为国民。所谓国家思想,第一,对于个人而言要知道有国家;第二,对于朝廷而言要知道有国家;第三,对于外族而言要知道有国家;第四,对于世界而言要知道有国家。要保卫自身不受外敌侵略,须团结起来建立国家,为此需要培养国家思想。只有国家才是赖以依靠的"我们父母"。

梁启超此处把国家放在了人创造的团体中的最高位置。这是基于梁所理解的社会进化论而来。"竞争者文明之母也",竞争一日停,则文明之进步立止,人类社会的竞争从个人的竞争变成家族的竞争,进而又变成宗族(中国父系血统团体)的竞争、国家的竞争。从生存竞争的公利来看,国与国之间难免冲突,在"团体之最大圈"国家之间发生"竞争之最高潮"。中国人虽然没有国家思想,但为生存于当今时代,只有养成国家思想。

如此理解竞争与国家之间关系的梁启超,称"大同"世界一旦形成,便会使竞争消失,野蛮状态再现,从而否定世界主义。这是对《南海康先生传》中阐明的康有为学说的重新认识,从稍微不同的角度进行了论述。

他还历数外族统治汉族的年代，暗指清朝。这一时期基于"国家"思想以图铸造"新民"，也是与批判清朝统治的民族主义互为表里。

接着在第七节"论进取冒险"中指出，西方民族比中国优秀的原因之一是因为有"进取冒险之精神"。列举的具体人物有亚历山大、哥伦布、拿破仑、华盛顿等，而中国自古就没有拥有这种精神的人，是消极保守的老子思想带来的恶果。总之他对老子思想的批判极其严厉，毫不留情。不过，在随后第8号的"传记"专栏中，又撰写了汉代经营西域的英雄张骞、班超的传记，大概是为了纠正言过之处，挖掘"进取冒险之精神"吧。

在第八节"论权利思想"中，梁启超依据德国新历史法学派伊耶陵（Jhering）的《权利竞争论》（宇都宫五郎译，1894年版），称"权利"诞生的源泉是"强"。梁曾根据加藤弘之的著作论述过"强权"的历史变迁（《清议报》，第31册），此处要阐释的是其根据。

坚持权利思想"非徒我对于我应尽之义务而已，实亦一私人对于一公群应尽之义务也"。每一部分权利合起来变成全体的权利，个人的权利思想积累起来变成国家的权利思想。"国家譬犹树也,权利思想譬犹根"。因此若要养成这一思想,必始于个人,作为人须将坚持自己的权利作为第一义。要与他国并存,首先要使自国国民拥有平等的"固有之权",使自国民与他国民"所享之权利"平等,如此才能治国。

在中国近代史上,这大概是第一次用这种伦理阐释自国与他国的平等。梁启超简明论述了西方近代文明的基础,权利思想的核心,并进一步提出适用的方法,即平等对待彼我。可以说他的立论掌握了《权利竞争论》的本质。

第九节讨论的"自由"肯定译自 Liberty Freedom。"自由"一词原本作为"任性"的意思被普遍使用,所以接受起来带有一种特殊的困难,但也逐渐固定下来,作为包含政治性、思想性的历史用词。"任性"的色彩,中国貌似比日本更加浓厚些,不过从个人感性的"自由"转变成包含社会存在的相互规定性的"自由",还需要相应的成熟期。

梁启超以帕特里克·亨利高呼的那句名言"不自由毋宁死"作为这一节的开头,这句话与美国的独立故事一样脍炙人口。自由是针对奴隶的,由此梁启超回顾了"自由"在西方的发达史,阐释了历史上确立的政治、宗教、民族、经济的自由。从"自由"所包含的这些精神中获得的是"四民平等""参政权"、殖民地"自治"、信仰的自由、民族的自立、劳动者生活的确立等。西方的近代即是"自由"在社会生活各领域作为体制确立之后而诞生的时代。

以上是对"自由"这一重要概念的解释，其基础被定义为"以不侵人之自由为界"。梁启超进一步指出，"文明自由"是为了保护自己的自由而自行制定"法律"之下的自由，是对法律的"服从"，不损公益，严守公德。他认为，要感受真正的自由，须"自除心中之奴隶"，不能成为古人之奴隶、世俗之奴隶、境遇之奴隶、情欲之奴隶。摆脱奴隶性的口号在后期的《清议报》中已经被大声疾呼，在《新民说》中是这样与公德联系起来阐释的。

补充一句，梁启超虽然在讨论国家时经常批判卢梭，但上述法律制定与服从于法律的理论就是"社会契约论"，所以由此可知他是在吸取了卢梭的观点之后阐释国家学的。另外还要注意的是，此时梁启超已经开始批评新学之徒，称他们错将自由的意思理解成私利私欲，他们才是普及与培养公德的障碍。此后不久，他即因此受到指责。

梳理一下梁启超"团体自由"与"个人自由"的关系，没有"团体自由"就没有"个人自由"，这是第九节阐释的内容。以此为依据，可以发现梁的思想，相较后者，多以前者为基轴。这一基于国家有机体说的逻辑，确实是梁的贡献，但其讨论的框架是针对处于国际优胜劣败困境的中国。

正如其经常阐述的"国者何？积民而成"，梁启超思想的基础是"民"，所以将这一"民"作为个人进行讨论时，明显是就"我"之"心"的重要性而展开的，这点不容忽视。在接下来讨论"自治"时首先强调社会变革来自"个人"的自觉也更为明显。

再者，在民族帝国主义时代，首先要确保国家的自由。此前的《国家思想变迁异同论》，阐述"不使他族侵我之自由，我亦毋侵他族之自由"为国家关系的准则，指出"国之独立"于世界，在本国即为"人之独立"，是双重构造。双重构造也可以换言是椭圆的两个焦点，但是对梁来说，"团体自由"与"个人自由"绝不是一方包含另一方的关系。

第十节"论自治"是梁启超摸索自由替代词的论述。很可能这是梁启超因为康有为针对他使用"自由"的意见之后的一种尝试。为了享受"民权、自由、平等的幸福"，必须从"自治"自己开始，而作为社会规范的法律，要求其基础在"人人心中良知所同"，这一点颇有趣味。无需赘言，文章是从一己之自治到社会之自治展开的。

梁启超后来批评革命派，称讲共和制请先重视自治精神。而中国同盟会干部田桐在辛亥革命失败后，也的确重新解读了中江兆民的《民约译解》，认识到共和政治的根本在于自治精神。当然，问题提出来后是否被解决又是另外完全不同的事。

第十一节"论进步"讨论的不是一般的进步，而是副标题所说的"中国群治不进之原因"。在清末接受西方思想中发挥巨大作用的英国留学生严复，把 Society 翻译成"群"，有时也用两个字的单词"群治"。

中国"群治"即社会体制不发展的原因，梁启超列举了"大一统而竞争绝""环蛮族而交通难""言文分而人智局""专制久而民性漓""学说隘而思想窒"五条。要摆脱这一闭塞的状况，只有行"求进步者独一无二不可逃避之公例""破坏"不可。虽然他已声明自己所说的破坏为"仁人志士，苟非有所万不得已"，但又列举出有血的破坏法国革命、无血的破坏日本的明治维新等历史事实，高呼破坏之必要，所以被读者理解成梁启超过激地提出了破坏论。

连载这一节的《新民丛报》第 11 号出版于 1902 年 7 月左右，黄遵宪读过之后，过了一段时间，大概半年后寄去了如下意见。"读至冒险进取、破坏主义，窃以为中国之民，不可无此理想，然未可见诸行事也"。称引导无知蒙昧之徒走向破坏主义的道路，无异于"八九岁幼童，授以利刃"（《年谱》第 3 册，第 301 页）。

梁启超接到黄遵宪的这封信大概是在即将访美之前。梁启超的回信没有保存下来，但从他回到日本之后撰写的文章的态度来看，可以推断他一定深刻接受了黄的意见。

第十二节"论自尊"中的"自尊"几乎与"自治"属于重叠项，但更注重人格。他称"日本的大教育家"福泽谕吉把"独立自尊"作为学生教育的"最大纲领"，并附上福泽的十四条"独立自尊之义"（专集中已删除）。他认为，自觉为"国民之一分子"之后的"自尊"是自身存立的出发点；阐明彼我正确关系性的基础是"自尊所以尊人"；自尊是拥有"自治"之后的事，中国人的人格日渐卑贱，正是由于缺乏自治。

第十三节"论合群（团结）"，标题使用了"群"，这一时期梁启超用"群"比"社会"还多。"合群"是"结合社会"，所以"团结"。在进化竞争的世界中，只有"团结"才是生存之道。团结需要做到，第一、压制私利私益，拥有"公共观念"；第二、明白要维持发展"一身之我（小我）"，需要"一群之我（大我）"来对抗外敌；第三、拥有可以运营团结的多数表决等法律契约；第四、无嫉妒之心。"大我"包含了从家庭到国家大小不等的各个级别的团体。

此处他依据孟德斯鸠，称专制国的元气依靠"威力"，立宪国的元气依靠"名誉"，共和国的元气依靠"道德"。这么阐述是因为他认同共和国式的团结。

梁启超思考的主要是在当下世界生存下去的方法，充分理解了社会是作为人类个体互助结构而诞生的道理，并对此进行讨论。亚里士多德对人是社会性存在〔人也者善群之动物也〕的看法，其实就是拥有公共心和公德之后社会才会成立。

在此看一下这一时期《新民丛报》论说栏中刊登的署名"中国之新民"的四篇文章。他们是在《新民说》连载过程中穿插进来的。第13号的《论学生公愤事》，是一篇批评驻日公使蔡钧委托日本警察逮捕中国留学生等问题为国辱的文章。蔡从1901年11月到1903年10月担任公使，他虽然身为代表一国的公使，却通过任地国的权力为自己的渎职买单，引起相关人士指责。

"论合群"刊出后，第15号的《敬告留学生诸君》呼吁留学生要团结，为了在专制政治之下建立社会道德的基础，诸君要以"国民道德的标准"作行为之品格，行动起来。第17号的《我敬告同业诸君》，向同行记者们指出，新闻界的天职在监督政府，充当国民向导，敦促业界注意蔡钧问题的后续。第18号发表的《敬告当道者》，对象是"国民公仆"政府当局者，以国民拥有监督公仆的权利为由，呼吁政府官僚发挥爱国心，实行改革。

从事情的性质来看，向留学生、媒体相关人士呼吁属理所应当，但向拥有爱国心的官僚呼吁却不寻常。本应是理论文章的《新民说》，随着留学生的增加，不得不关涉现实问题，这一倾向随着时间的推移进一步发展下去。

第19号刊登的第十四节"论生利分利"，题目较难理解，"生利"是产生利益，即生产，"分利"是利益分割，即消费。

"生利分利"一词是广学会的英国传教士李提摩太为介绍经济学而撰写的《生利分利之别》[1]一书中使用的词语，对曾担任李提摩太秘书的梁启超来说非常熟悉。广学会是新教传教士为传教和启蒙于1887年在上海创办的组织，出版有机关报《万国公报》。该报为介绍西方新的学术作出了巨大贡献，康有为、孙文等不少清末思想改革的代表性先驱、中国的新知识分子受其影响很大。

《万国公报》的发行量原是两三千份，在甲午战争到戊戌变法这一维新运动时期猛增到38000份。这也是体现甲午战败引起时代思潮激变的指标之一。当然，该报是基督教的传教刊物，刊登的介绍西方新知识的文章几乎都不涉及现实政治问题，文风稳健。但是，这种新知识成为人们关心的对象。此后，《万国公报》的发行量于1903年进一步增长至54000份。发行量的增长，出现

---

[1] 李提摩太（Timothy Richard）、『生利分利之别』、广学会、1894年。该书也被收录到梁启超编的《西政丛书》（1897年版）中。下文的严复译《原富》的书评，刊登在《新民丛报》创刊号上，作者大概是梁启超。

在梁启超出版《清议报》时期，也反映了大陆思想动向急速扩展为对西方知识的关心这一时代风潮。

在《论生利分利》中，梁启超论述的依据是严复翻译的亚当·斯密《国富论》，中译本《原富》。关于《原富》，有一份书评称，严复翻译的是全五编中被看作是"纲领"的前两编，第一编是对国富实体和作为实现这一目标的手段"劳动力"的分析，第二编讨论的是"资本"的性质与劳动力之间的关系。斯密是使该学为"一完全独立之学科"的功臣，以后各学说均以此为出发点展开论述。所以，该书评称接下来希望有学说史的解说。梁的《生计学学说沿革小史》（《新民丛报》第7—51号）正是呼应了这一要求，第九章《斯密亚丹学说》与《论生利分利》一同刊登在第19号。

参照《生计学学说沿革小史》，可以知道梁启超充分理解了斯密学说的基础，即财富的源泉是劳动，分业对提高生产性的作用、促成商品交换的劳动价值说等。西周在前往荷兰留学之前，曾阐述诞生于近代的经济学遵循的是自然法则，以此保护民众生活。西周的这一观点"公平正大"地令人惊讶。他的这一观点从何阅读而来尚不得而知，但是西周把经济生产活动的发展与能够过好日子的伦理社会的形成联系起来，表明他抓住了西方经济学继承自斯密的本质。

自了解斯密学说以后三十年，梁启超一直认为实现西方近代富强最重要的学问是经济学，并尝试将其学理吸收到《新民说》中。

根据斯密学说，梁启超在考虑增加中国国富时把眼光放在了不事生产，缩减消费上。生产出来的财富之源泉是"土地、资本、劳动"，若能妥当运用资本与劳动，国富就会增殖。一国的年生产额是全国人民年生产额的总和，在落后的中国，不生产光吃饭的"分利"的消费者极多。由此，梁启超认为把他们变成"生利"的生产者是当前的课题。虽然他的理解以近代经济分析为目标，但显然也难以进一步发展。

明白了"统计"重要性的梁启超，硬是对总人口四亿人的中国的阶级构成进行了推测。其费尽苦心的痕迹很明显，但由于数值不符，所以此处仅涉及分类项中有意思的几项：官员（约30万人）、知识分子（读书人，约300万人）和军人（约400万人）。

中国的官员从来不做有益于"国民公益"之事，而是一群压迫同胞，献媚外敌的人，正是"分利之元凶"。中国的知识分子虽然占据四民之首"士"的位置，但其所学的知识对实际生活没有作用，无法通过知识引导民众，所以只是社会的寄生虫。中国的军人只是一群具备了所有恶习，超过其保卫人民守卫国家之本职的流氓。西方近代国家的官员、知识分子、军人某种程度上都是生利者，而中国拥有这些身份的人都是些吃白食的人，所以只有全面改造一条路。

不过，梁启超提出的改造方案，是阐明"学理"，"使皆耻为分利者"，以此作为"新民"的道路。近代生产的飞速发展，是基于分业的引进和机械的发明，这一点作为知识已为梁所理解，然而，在考虑改造方案时他却只想到了激起人的羞耻心的说服工作，的确惹人深思。他甚至具体描绘了各个阶级，但一旦联系中国的现实进行思考，却只能想到说服分利者进行改造的方法。也就是说，学理虽然是理解了的，但应用到中国国民经济的改造中时，只能作观念性的提议，这与维新以后已经走上殖产兴业道路的日本之间，差别显而易见。

或许梁启超认为在此展开经济的讨论，正好可以接"合群"论，但难说接得很好。以经济学学理为根据的中国的"分利"者改造论与培养公德的问题属不同的维度，所以梁把话题又拉回公德实践的内容上了。

第十五节"论毅力"称，成功和失败靠的是毅力，即"精神"，中国人"国民性"中的第一个缺点就是没有毅力。

第十六节"论义务思想"，称权利与义务相对应，中国只忠孝等义务思想发达，且"公义务"也被等闲视之，所以梁宣称要讨论"公义务"。所谓"公义务",应该是要从义务的一面阐释公德的造词,是一个极为不成熟的词语,所以管见所及,仅在此处出现过,而且也完全没见他用过相对词"公权利"。也就是说,梁曾想把与旧中国的义务相比异质的近代"公"的义务放在《新民说》中,但最终这一计划没有实现,这一节没有完成便被搁置了。时间上正好与访美重合,或许也成为妨碍的一个因素,但问题设定本身也有勉强的部分。

第十七节"论尚武",把尚武看作是"国民之元气",提醒大家,如今是"武装和平"的世界,所以要锻炼心力、胆力、体力,培养尚武之精神。说起"国民之元气",可以联想到《国民十大元气论》(《清议报》,第33册),当时有副标题"文明之精神"(《专集》中删掉了)。在三年多以前的《清议报》中,梁启超仅讨论了习自福泽谕吉的"独立"之精神便结束了,如今承接此文,把话题延伸到"武"之精神。

此处须涉及论"新民说"一年后,"论说"专栏中刊登的两篇阐释国民的文章。《敬告我国民》(《新民丛报》第25号)一文,称中国的国民程度低,且自治能力弱,即便是身在没有政治高压的外国的华侨,"其文明程度往往视祖国犹有逊色",政府固然腐败严重,但拥有"民权"的"民党"也一样腐败。《论中国国民之品格》(《新民丛报》第27号),称国家品格与个人品格一样重要,但由于中国人是缺乏独立性、公共心、自治力的三等国民,所以要变成伟大的国民,须培养公德,磨砺政治才能。也就是说,梁此时虽然充分认识到民党乃至国民的缺点,但依然认为可以通过养成公德来克服。

图9 《新民丛报》第2卷第1号封面:左侧中,有橡胶印"谨赠"字样,对象是柏原文太郎。

梁启超奉康有为之命离开横滨是1903年2月20日。《新民丛报》第1卷全24号均在此之前成功出版。梁在第2卷第1号(即第25号,1903年2月11日)中表明决心要走向新的飞跃。象征第2卷飞跃目标的,首先是封面(图9)。封面选的是狮子图,图案是要飞跃地球,像是《庄子》内篇开头的那个从北到南翱翔在大海上,拥有垂天羽翼的大鹏,被想象成了狮子。标题是蒋智由为此作的长歌《醒狮歌——祝今年以后之中国也》。石川祯浩完美地考证了中国形象从"睡狮"到"醒狮"的转变,是由梁启超创造。

封面图案清晰地反映了成功结束第一年度的出版后,梁启超要实现新飞跃的远大抱负。第25号卷首还刊登了一篇长达72页、对自己刊物有详细说明的广告。

正因如此，该号的《改良广告》罗列了第2卷的具体内容，称在学说专栏中，将在西方的康德、穆勒、斯宾塞等之后，加上中国的孔子、孟子、荀子、墨子、庄子、王阳明等，对诸多计划作了详细的说明。尤其提到续写《新民说》和《新民议》一事。《新民议》是把"实事之理论"这一被定位为"理论之理论"的《新民说》的线索具体化的文章。在《叙论》（《新民丛报》第21号）中提出了作为"实事之理论"的对象，将讨论"家族之组织、国家之组织、村落之组织、社会之组织，乃至风俗礼节学术思想道德法律宗教一切现象"的大构想。接着，《禁早婚议》（《新民丛报》第23号）提到了社会体制中最重要的"婚姻"，阐述了早婚的危害，主张要禁止早婚。

也就是说，在打磨第2卷广告稿时，梁启超访美一事还未提上日程。访美之命无异于晴天霹雳，但实行了。结果，学说专栏中只写了康德与墨子，《新民议》也没有继续写下去。《新民说》在梁启超从美国回来后继续第十八节"论私德"，对此，本章第4节已有论述，接下来将讨论论说专栏以外，署名"中国之新民"的文章。

3. "知"的新领域

"中国之新民"的《新民说》是《新民丛报》的核心文章。论说专栏以外,以笔名"中国之新民"发表的文章中,有"学说""学术""宗教""历史""地理"等各专栏,这一点前文已有论述。"学说""学术"针对一般学问,其他针对所有文科各学,梁启超基本上是以近代汉语命名的。虽然不清楚排列顺序的意义,但紧接"论说"之后的"学说"应该是最受重视的。

在进入个别文章的说明之前,先要注意的是,梁启超在《清议报》最后一期表达的对师傅康有为学问的态度,在《新民丛报》上再次变得鲜明起来。"宗教"专栏刊登的《保教非所以尊孔论》(《新民丛报》第2号)即属此类。梁称,孔教无需保,也无法保,现在需要努力的是"保国"。比孔子更值得尊重的是真理,而保教说却阻碍真理的探求,成为"国民思想"的枷锁。自己曾经是"保教党之骁将",但现在却成为"保教党之大敌"。梁在这篇文章中批评"保教",热心地阐述"思想自由"的重要性,力主"保国",再次高呼"国家主义"之必要性。高柳信夫指出,这篇文章显示了梁启超与其他同门的不同,虽然与康的孔教诀别,但他对孔子的尊敬没变,追求真正的尊孔之道。

另一篇需要先行讨论的文章是可称作西方近代科学示意图的

"学术"专栏中的《论学术之势力左右世界》(《新民丛报》第1号)。

对人类历史拥有巨大意义的,要数"智慧"和"学术"。近世文明始自十字军东征和希腊古代学的复兴,学术发展最重要的功臣是"十贤":哥白尼、培根、笛卡尔、孟德斯鸠、卢梭、富兰克林、瓦特、亚当·斯密、伯伦知理、达尔文。选择标准尚不明确,但除伯伦知理以外,其他人都是响当当的人物,不会有什么问题。伯伦知理对梁的重要性,此前已有论述。

继十贤之后列举的是牛顿、格里克、波义耳、林奈、康德、普里斯特利、边沁、赫尔巴特、圣西门、孔德、约翰·穆勒、斯宾塞。牛顿放在这里虽然让人感到不可思议,但把格里克(物理学)、波义耳(化学)、林奈(植物学)、普里斯特利(化学)一起列举出来,说明他也注意到自然科学。来日之后不过第三年,梁启超随机阅读的相关书籍难免出现偏好,映入他眼帘的第二级学者群是这些人,颇有意思。

补充一句,梁启超在这些左右世界的学者之后,又列举了伏尔泰、福泽谕吉、托尔斯泰三位"运他国文明新思想,移植於本国,以造福於其同胞"的人。其中着重描写了福泽曾手抄《华英字典》学习英语,创办庆应义塾和《时事新报》,致力于引进西方文明的功绩。文中,梁启超呼吁我国学者即便成不了左右世界的

第 3 章 精神

培根、笛卡尔、达尔文,也希望成为左右一国命运的伏尔泰、福泽谕吉、托尔斯泰。

在最重要的"学说"专栏中刊登出来的文章,讨论的几乎全是支撑创造出公德的西方文明基础的人。其中梁启超撰写的有培根、笛卡尔、达尔文、孟德斯鸠、亚当·斯密、卢梭、边沁、本杰明·颉德、亚里士多德、康德、伯伦知理 11 人,除亚里士多德与本杰明·颉德以外,其余皆在上述 20 人之内。中国人中提到的唯一一个是墨子,对此将在下一节论述。

梁启超以外,还有马君武撰写的黑格尔(《新民丛报》第 27 号)和穆勒(《新民丛报》第 29—30 号),都是梁启超访美之后写的文章。马是京都帝国大学的留学生,也是卢梭《社会契约论》、达尔文《物种起源》的译者。

以领域为主题的文章有梁启超的《格致学沿革考略》(《新民丛报》第 10—14 号)、《生计学学说沿革小史》和马君武的《新派生物学(即天演学)家小史》(《新民丛报》第 8 号)。此处的"格致"指的是所有自然科学,"新派生物学"也被解释为"天演学",指的是新的生物学,致力于拥护达尔文,否定天地是由神创造的。简言之,"学说"专栏的文章几乎全由梁启超撰写,马稍作补充。

《格致学沿革考略》一文,是对希腊从古至 18 世纪科学史的概述。此处，他记录了培根提出以"实验"作为探究真理的"科学方法"，介绍了伽利略和牛顿的功绩，以说明近代科学的出发点在于此二人。有趣的是，他把学问分为"形而上学"与"形而下学"两类，以政治学、经济学、社会学等为"形而上学"，以物理学（质学）、化学、天文学、地质学、生物学（全体学）、动物学、植物学等为"形而下学"。

从《易经》中取"形而上学"这一意味深长的术语作为Metaphysics的译词的，是井上哲次郎。[1] 据船山信一的说法，19世纪80年代中叶以后，井上圆了等人发起的以"纯正哲学"为名的类似实在论的形而上学非常盛行，梁启超之所论也给人一种回到《易经》原文"形而上者谓之道，形而下者谓之器"的感觉。章炳麟也曾做过同样的讨论，所以说梁、章的西方学问观是从这里开始的。

"学说"专栏列举的前近代人物只有亚里士多德，主要将之作

---

[1] 补充说明，1881年出版的《哲学字汇》（名著普及会，1980年翻印）中写的是"Metaphysics 形而上学"（同1884年的版本），而1912年的版本中写的是"纯正哲学、形而上学、超物理学"。赫本（James Curtis Hepburn）1886年出版的《和英语林集成》（讲谈社学术文库1989年翻印）中虽然有"Physics Kyuurigaku, butsurigaku"，却没有Metaphysics一项。下文提到的船山信一，参见『明治哲学史研究』（『船山信一著作集』第6卷、40頁）。

为政治学的鼻祖来讨论。达尔文，基本上是从他的生物进化论为社会进化论提供了科学依据（也就是说，为社会进化论提供了"科学性"的依据）这一侧面进行阐述。所以说这里列举的培根等11人，都是作为广泛意义上的政治思想家和人文、社会科学家而出现的。在这一意义上，可以说梁启超所关心的学问，在修改《清议报》的编辑方针以后始终如一。

补充一句，《清议报》第96—100册的"政治学案"专栏提到了霍布斯、斯宾诺莎、卢梭。《新民丛报》"学说"专栏中的卢梭是对同一篇文章的再刊，所以两者的连续性很明显。如此，梁启超列举的人物，两刊共计13人。其中有关霍布斯、斯宾诺莎、培根、笛卡尔、孟德斯鸠、卢梭、康德的内容，宫村志雄早已指出根据的是福伊（Alfred Jules Émile Fouillée）著、中江笃介翻译的《理学沿革史》。[1]

《近世文明初祖二大家学说》（《新民丛报》第1—2号），写的是培根与笛卡尔。他们是亚里士多德以来把传统学问转向近代科学的人，只有新的学问诞生，才会有新的道德、政治、技术、

---

[1] 宫村治雄「梁啓超の西洋思想家論」,『中国―社会と文化』第5号、1990年、收录在『開国経験の思想史』東京大学出版会、1996年。フイエ著、中江篤介訳『理学沿革史』「第4編　近代ノ理学」。

机械产生，这些出现后才能建造新的国家和社会。梁启超竭力赞扬了这一定论的基础、英国经验主义哲学的基础归纳法（格物派）的创始人培根与大陆合理主义哲学的核心演绎法（穷理派）的确立者笛卡尔在其中发挥的作用。

哲学通过这些人脱离神学的桎梏，最终奠定了科学的基础。培根提倡的观察与实验，是创造现代文明的学术基础。笛卡尔通过对学问的基础心存怀疑，一扫学界的奴隶根性，确立了思想的自由。霍布斯、洛克、休谟继承了前者，斯宾诺莎、莱布尼茨、沃尔夫（Christian Wolff）继承了后者。十八世纪末，康德统一了这两派，成一"纯全完备"之哲学。此后，达尔文、斯宾塞的出现令哲学（庶物原理之学）更加熠熠生辉，称培根与笛卡尔真乃近世之伟人。

接着是《天演学初祖达尔文之学说及其略传》（《新民丛报》第3号）。文章首先列举了十贤中时间最靠前的近代哲学的确立者培根和笛卡尔，接着又提到被视作发现当时最新科学成果的达尔文。梁启超把达尔文的学说解释为，地上万物非神造，而是从下等物种逐渐进化成包括人在内的高等生物，其"变迁进化"，皆贯彻了"生存竞争、优胜劣败、自然淘汰、适者生存"之法则，是与哥白尼地动说并列的"真理"。并断言，这一"真理"不仅适用于生物学之范畴，还普行于"一切邦国种族宗教学术人事"之中。社会进化论被认为是合理理解与人类行为相关的各事象所有变迁的思考的基础。

达尔文的《物种起源》出版于1859年，梁启超是在40多年后才接触这一学说的，比日本接受进化论晚了四分之一个世纪。"天演"是严复对Evolution的翻译。严翻译了赫胥黎的 *Evolution and Ethics*，取名"天演论"，于1896年出版。这在中国介绍进化论的历史上是具有极大意义的事，已为人所熟知。赫胥黎是达尔文的忠实拥护者，一如其别名"达尔文的斗犬"。

然而，严复也是斯宾塞社会进化论的信奉者。斯宾塞被看作是把达尔文使用的"伴随变化之由来"改为具有"发展"意思的"进化"的Evolution并使之流传的肇始者。严复在《天演论》中根据自己的观点简单写了一段按语，在翻译赫胥黎著作的同时，也把斯宾塞的社会进化论引进了中国。也就是说，清末接受的进化论，自打开始就是社会进化论。

梁启超起初学习的是严复的《天演论》。梁的历史认识乃基于社会进化论的发展史观，这一点已如前所述。虽然使用了"强权派"这一术语，但梁启超明白斯宾塞是社会进化论的倡导者。这么说，意味着梁启超并没有特别留意达尔文学说中生物学的科学意义，但对他来说，这样就足够了。

就这样，梁启超在《新民丛报》最初三期的"学说"专栏中，通过对创始人培根与笛卡尔哲学的介绍，阐释了西方新的知识体系＝近代科学的全面价值，并进一步把达尔文牵扯进来，以保证自身思考的框架社会进化论拥有科学的"真理性"。读了《新民说》之后注意到西方先进性的读者为了寻找其依据，翻开"学说"专栏，一开始就会看到这种关于"科学"的说明。

现在几乎没有人认为社会进化论具备科学性，但在清末，普遍认为那是科学的最新成果。试图开辟新时代的改革者，都抱有某种发展史观（进步史观），认为理想将在未来实现。梁启超从《时务报》时期就开始阐述公羊学"三世说"的发展史观，这种被生物进化论证明了科学性的社会进化论，在他看来其优越性更毋庸置疑。总之，对构想撰写《新民说》时期的梁启超来说，社会进化论支撑起他的历史观，甚至思考的框架。

此处稍微跳过去，来看一下第18号的《进化论革命者颉德之学说》。梁启超高度评价颉德为"进化论之传钵钜子，而亦进化论之革命健儿也"，明言人类社会的变化以生物进化的法则为基础，历史学、政治学、经济学、宗教学等所有科学皆在其影响之下。也就是说"颉德论"是与第3号介绍达尔文相联系的重要补充。

颉德是19世纪末在英国活跃的社会进化论者,这一时期他的主要著作在日本和中国被翻译出版,引起时人的瞩目,但现在已经被完全遗忘了。这一时期梁启超确实钦佩颉德的学说,但也需要指出他终生高度评价的是达尔文,对于颉德日后却逐渐不再提及。

在达尔文之后,梁启超列举的是孟德斯鸠(《新民丛报》第4—5号)。他也是十贤之一,作为政治学大家是当然的人选,但在这方面,《清议报》停刊之前还在"政治学案"专栏中刊登了有关霍布斯、斯宾诺莎、卢梭的论稿。

关于霍布斯,梁启超的说法是,为了摆脱自私地行使自然权的万人斗争这一原始状态,《民约》出台,人类社会从此安定下来,以该法律为基础进行统治的是专制君主。他没有使用"Leviathan"一词,曾提及按照中江兆民的解释,应是"活神公义",指出了霍布斯《民约》孕育王权之说的矛盾之处。

接着讨论的是斯宾诺莎。梁启超称把自己的自由奉献给君主等不利于自己的契约,是没有意义的,君主政体是"真平和"的大敌,"民主政治"也就是共和制才是最佳政体。他的政论也涉及与哲学相关的内容,此处不再具体展开。

梁启超对卢梭的说明,较前两者详细地多。他首先引用康德的观点称,《民约论》(社会契约论)的本旨非关于立国之历史经过,而是其结构的理论,由此阐释民约本旨如下。"吾侪愿成一团聚,以众力而拥护各人之性命财产,勿使蒙他族之侵害,相聚以后,人人皆属从於他之众人,而实毫不损其固有之自由权"。民约之目的一定是使人们自由且平等。他认为,虽然霍布斯等人称,民约成立之后,众人皆将自己的权利托付于君主等,但放弃自由,无异于放弃作为人的条件。梁启超称自由权是道德的根本。

人们创造社会,树立政府时,"主权"如何?民约成立以前,人人皆自有主权,这与自由权是完全一体的。民约成立后的主权,不在一人之手,而在"众人之意"即"大众意志"(公意)中。主权为一,不可分。将立法、行政、司法三权分开,是为了让三权核心主权掌握在人民手中,即使主权之"用"可分,主权之"体"也不可分。"公意"为"体",法律为"用",法律为公正起见须时常修订。拥有主权者为体现"公意"之国民,政府位于主权的掌握者(即全体国民)和服从主权者(即各人)之间,目的是发挥施行法律、保护公众自由权的作用。质而言之,国民是主人,政府官员不过是受雇佣之人,符合政体之真理者只有"民主(大总统)制"。

如前所述,《卢梭学案》依据的是中江兆民翻译的《理学沿革史》的相关内容,该中译本基本是正确的。文章中,梁启超几乎是将社会（众人）与国家（邦国）并列讨论的，但根据宫村治雄所言，兆民自己在汉译本《民约译解》中，没有区分Societé与État，始终翻译成"邦"或"国"。总之，梁启超对卢梭理论理解的正确性，其高度是清末流行的杨廷栋译《民约论》所不能比拟的。

梁启超全面介绍了卢梭的人民主权论、以公意为依据的主权论和以社会契约为依据的国家论。在上述《论学术之势力左右世界》中，他断言《民约论》是法国革命的原动力，法国革命是19世纪新世界的原动力，也就是说，创造"今日之民权世界"的，唯有卢梭之理论。半年多后，他将题目改为"民约论巨子卢梭之学说"重新发表在《新民丛报》第11—12号，明确体现了梁启超对卢梭的重视。

回到孟德斯鸠。梁启超特别提到了孟德斯鸠的主要著作《法之精神》（万法精理），指出他创设的立法、行政、司法三权分立是现在文明各国采用的最基本的政体。亚里士多德在这种多方讨论的政体说中，提出了专制、君主、共和三种，人类群体的统治始于专制政体，及"民智大开"，"相与议定法律而共遵之"，发展为共和政体。位于专制与共和之间的是君主政体。"专制国尚力，立君国尚名，共和国尚德"。没有"自由"的地方没有"德义"，所以君主国无德义，共和政体中推崇的"德"是"爱国家尚平等之公德"。这一言论刚好符合《新民说》中称赞的"公德",自无需赘言。

在"共和民主政治"中,各人按照自己的意志"投票选举",开展政治,所以"人人皆治人者,人人皆治于人"。无论是立法还是行政,其"主权"皆由国民自己掌握。民主国家最重要的,是凡事皆"民自为",这里的"平等之意"是"尊重各人之自由权",及由此所生之"各权",无所等差,"奇材异能者,不得自恃其长,以制御众人"。不过梁启超也谨慎提出,在这一平等之下,必须承认才能之差。

同一时期,梁启超出版了《近世欧洲四大家学说》。四大家指的是霍布斯、洛克、孟德斯鸠、卢梭,由此足以看出他为普及近代国家成立学说史的知识而所作努力的痕迹,补充前史的知识以后,才能正确理解伯伦知理。

接着是边沁(Jeremy Bentham)。《乐利主义泰斗边沁之学说》(《新民丛报》第15—16号)的"乐利主义"如今被翻译成"功利主义"。"使人增长其幸福者,谓之善,使人减障其幸福者,谓之恶",即为了使幸福最大化者。"关于一群之总员者,谓之公德。关于群内各员之本身者,谓之私德"。"私益"由"公益"而来,所以不能忘记公益,须追求全体之乐利。个人幸福最大化也与全社会幸福最大化密切相连,为此需追求"最大多数之最大幸福"。

如"正其义不谋其利,明其道不计其功"所言,"功利"在中国思想史上历来是受批判的概念,所以即便日本将之作为 Utility 的翻译固定下来,梁启超也没有采用而选择了"乐利"。现在"功利主义"普及,显示了稀释这一思想史背景需要一定的时间。关于近代中国功利主义的诸相,小林武等人的研究比较详实。

《近世第一大哲康德之学说》(《新民丛报》第 25—48 号)写明是以中江兆民翻译的《理学沿革史》为蓝本,并声明尚未充分理解。

梁启超称,有志新学者须悉心研究康德之深远学理,并反复思考,以便充分理解。在"论纯智(即纯性智慧)"中,他说要阐明"学术之本源"即"智慧"的各作用,须区分物的"现象"与"本相"。为此他"检点"智慧的第一作用(感性〔视听〕)与智慧的第二作用(悟性〔考察〕)。第一作用主总万物,其作用有赖于我们的感觉所固有的定理"空间"与"时间"。第二作用是观察万物现象,发现事物间存在的一定法则。"条理满足之理""庶物调和之理""势力不灭之理"是第二作用的三大原理。检点作为万物原理学之智慧的第三作用(理性〔推理〕),这是"万物原理学〔庶物原理学〕,即哲学之基础",凭推理之力,使一切统属于其"本原",以达其极致"本原之旨义"。称"本原之旨义"为"精神〔魂〕""世界""神"。

梁启超也曾这样阐释康德。康德论道学为哲学之本,是其卓绝千古之功绩。道德与自由的关系,是"灵魂之我"="真我"对"肉体之我"的自律,"不能自由者,不足以为责任也,'真我'者有道德之责任也,故'真我'者常自由也"(《新民丛报》第28号刊登,文集中脱漏)。进而谈政治论时,康德的观点几乎与卢梭的民约说相同,其"永世太平论"至今依然熠熠生辉。

在这篇文章中,梁启超随处夹杂自己写的按语,与中国思想传统概念进行对比,但这种比较的观点,正如王国维曾指出的那样,更容易让人指责梁对康德理解的浅薄、甚至谬误。[1] 不过,他认为"阳明之良知,即康德之真我其学说之基础全同"(文集13,第63页)的观点,在学理上值得探讨。

接下来是"学术"专栏。在《论中国学术思想变迁之大势》(《新民丛报》第3—58号)中,梁启超用西方学术方法讨论中国学术思想史。从这一点看,可以说这是颇有趣味的一篇文章。在中华

---

[1] 王国維「近世の学術界を論ず」、『教育世界』、1905年、井波陵一ほか『清華の三巨頭』。

文明中，学风与时代、地域相关。传统地方志中的"风俗志"可以看作书写学风的萌芽。但是，梁在此处将学风规定成表现一国"精神"的学术，在内容上并非是对这一习俗的改良，而是关乎社会构成政体变革的作为"科学"的学术。

而且，梁启超提出这一问题，使用了20世纪是西方文明与中华文明的"结婚之时代"这一乐观的言辞。其富有魅力的影响，抓住了欲有所作为的青年知识分子的心。

这篇跨时长且间断性连载的文章，论述的内容覆盖了从黄帝到现代的整个时代，不过独缺从宋到明的时代，即被称作朱子学、阳明学新儒学出场的高光时期。这让胡适决心补缺，写下《中国哲学史大纲》。胡的著作是代表新文化运动的重要作品，所以在开辟新时代这一点上，《新民丛报》发挥的作用尽管是以这种形式，依然在历史上留下了光辉的一页。

在"学术"的个别领域中首先应列的是"历史"。在传统的"四部分类"中，"史部"的地位仅次于中华文明的脊梁"经部"，以《史记》等为数众多的巨著为傲。《新史学》(《新民丛报》第1—20号)是在这一背景下，确立了国家主义立场的梁启超的得意之作。

文章伊始，梁启超讨论"中国之旧史"时这样写道：史学是学问之最博大而最切要者，是"爱国心"之源泉。西方民族主义的发达与文明的进步，史学之功居其半。中国的史学之所以无法发挥其功德，乃是受知有朝廷而不知有国家等旧弊之坏影响之故。要与这"优胜劣败之世界"并立，须激励爱国心，发挥团结的力量，为此必须掀起"史界革命"，并且把家族提升至"国族"。这并非是把国看作是家的扩大，家族成员看作是国家的从属。总之，在这篇尚未完成的史学概论文章中，梁启超成为一名"史界革命"的发动者。《新史学》被看作是近代历史学之滥觞，不过更为系统的著作要等到以后的《中国历史研究法》。

与历史密切联系的是"地理"。19世纪成立的地理学，是把西方近代视作顶点的文明史观的重要组成要素。在《地理与文明之关系》（《新民丛报》第1—2号）中，梁启超解释了地理决定论。地理决定论因以地理这一客观条件为依据，故其判断具有"科学性"，但这种解释承认了西方处于优越地位的现实，所以他不确定这一言论是否妥当。亦因此梁对地理的关心极大，又接连发表了《中国地理大势论》（《新民丛报》第4号）、《亚洲地理大势论》（《新民丛报》第6—9号）、《欧洲地理大势论》（《新民丛报》第10号）。

梁启超的每一篇文章都以日本书籍为底本，其中虽然没有提及所参考的文献，但却蕴含着极具代表性的伟大学说，对此石川祯浩的《梁启超与文明之视角》[1]作了精彩的分析。在使用时，梁启超随处添加发明，《中国地理大势论》中的《历代革命军即割据所凭借地理表》分16期，详细列举了从秦末的陈胜、吴广到最近的义和团100多个革命军及其割据地，关于中国的叙述尤为精彩。

接下来要概述的是"传记"专栏。在以史学的丰富传统为傲的中国，从"纪传体"类型的确立可知，"传"定然自古流传。但是，传记因如实反映了时代精神的内容，所以与近代历史学一同诞生。梁启超在《新民丛报》上刊登的第一篇传记是匈牙利的噶苏士（Kossuth）。包括这篇在内，以下提到的西方人的传记都是以日本著作为底本。有关这些传记的出处与梁的处理情况，松尾洋二在《梁启超与史传》中曾详细指出，梁启超根据这些恰当的素材，塑造了符合自己主张的人物形象。

《匈加利爱国者噶苏士传》（《新民丛报》第4—7号）是一篇讲述为解放受奥地利压迫的匈牙利而战斗的英雄的传记。噶苏士曾出现在《清议报》连载的《佳人奇遇》中，所以是读者比较熟

---

[1] 参见石川祯浩「梁啓超と文明の視座」、狭間直樹編『共同研究　梁啓超』。下文松尾洋二的「梁啓超と史伝」也出自该书。该书收录了中国哲学、史学、文学、法学领域学者对梁启超通过日本书籍吸收西方近代思想这一行为的实证性研究论文。

悉的人物。由于也是一位流亡后被迫停止活动而失败的英雄，所以更加深了梁启超的共情。噶苏士如今虽然不太为人所知，但他曾被明治时期的人气杂志《太阳》，作为"近世世界十伟人"之一刊登了长篇传记，还出版了单行本，在当时拥有相当高的知名度。这十名伟人中，日本的西乡隆盛和清朝的曾国藩入选。

接着是《意大利建国三杰传》（《新民丛报》第9—22号）。梁启超认为意大利建国前的处境与现在的中国相似。三杰是19世纪意大利复兴运动的英雄——马志尼、加富尔和加里波第。三杰中，梁对创建青年党的"造时势之英雄"的马志尼尤其有共鸣。补充一句，上述"近世世界十伟人"列举的第一个人是为把意大利变身列强中一员作出贡献的首相加富尔。创建了明治国家的日本人，他们关心的内容与正在为维新而奋斗的梁多少有些不同。

在意大利三杰传的连载过程中，《近世第一女杰罗兰夫人传》（《新民丛报》第17—18号）插入连载。罗兰夫人（图10）是法国革命中吉伦特党的女性领导人。最初翻译的是德富芦花发表在《家庭杂志》上的《法国革命之花》，梁启超在文章开头配上罗兰夫人在断头台上发出的临终之言"呜呼！自由自由，天下古今几多之罪恶，假汝之名以行"，吸引了读者的目光，对其思想中激进的部分有所控制，描述上比较偏向温和。这篇文章生动描写了

第 3 章 精神

罗兰夫人聪明的知性与勇敢的行动被革命的过激化所捉弄这一悲剧，成为象征清末渐进改革论的文章。

然后是《新英国巨人克林威尔传》(《新民丛报》第25—56号)。梁启超强调的是清教徒克林威尔表现为信仰的精神。优秀的品质与精神，是基于基督教的信仰，梁启超由此发现了刷新英国国王专制政治

图10 罗兰夫人《家庭杂志》第2卷第19号

的根本力量。他甚至称，为了全心全意地学习它，尽管自己是王(阳明)学信徒，但立志于政治改革的人与其读千遍《传习录》《明儒学案》，还不如读一遍克林威尔传。《传习录》与《明儒学案》这两本书是学习阳明学的基本文献，所以可见梁倾心佩服之程度。

"传记"专栏中第一次提中国人是《张骞、班超合传》(《新民丛报》第8—23号)。梁启超称，对世界文明来说，有意义的是哥伦布发现美洲开辟了新的世界。"支那的历史"被欧美人、日本人称作悲惨的历史，是因为每次与外国接触都会失败。但

是，中国的历史中也有非常伟大的人，因此他列举了汉代开拓西域的两位英雄。

在将国家主义立场的梁启超看来，与国家形成拥有切实关系的政治、法律方面的文章绚丽多姿。

首先，"政治"专栏中《论立法权》（《新民丛报》第2号）是为初步启蒙的一篇文章。文章称，"立法、行政、司法"三权分立，在欧美、日本是众人皆知的常识，但在中国十有八九不能被理解，所以阐释了立法权从行政权中独立出来的必要性，立法权属于国民，且须同时追求"国民个人的利益"与"国家本体的利益"。《论政府与人民之权限》（《新民丛报》第2号）称，政府与人民之上，有拥有"所谓人格"之国家，掌握"独一最高之主权"。这是德国式的国家有机体说，明确体现了保卫人民须限制政府的意图。

《中国专制政治进化史论》（《新民丛报》第8—49号）就国家的历史，讨论了政治的"进化"。西方已经从"君主专制政体"发展到"立宪君主政体"，而中国还停滞在前一阶段。中国比西方更早消灭了贵族政治，却在秦汉以后依然继续了贵族政治的属性"不平等不自由之政治"，苦于"无形之专制""间接之专制"。梁启超的这一总结不愧是对"专制"四千年史的概述，非常精彩。

曾在《清议报》上刊登，又再次被发表的文章《国家思想变迁异同论》(《新民丛报》第10号)，根据伯伦知理的《国家学》，列出"欧洲旧思想／中国旧思想／欧洲新思想"对比表，阐述欧洲中世、近世国家思想的变迁。《论专制政体有百害于君主而无一利》(《新民丛报》第21号)极为详细地回顾了中国的专制政体史，呼吁要变成英国、日本那种立宪君主制。《政治学学理摭言》(《新民丛报》第15—18号)就"君主无责任主义""最大多数最大之幸福"等凝缩学理之金句做了解释，目的是培养常识。

"法律"专栏的文章只有一篇论述日俄战争中宣布中立的中国在国际法中的地位（《新民丛报》第50号）。但是从下一章第1节的"代作"问题，可以看出他对法律的研究也有相当的进步。

"生计"即经济学，梁启超对此颇为用力，这一点从先前提到的"学说"专栏中的《生计学学说沿革小史》、"论说"专栏中的《外资输入问题》（《新民丛报》第52—56号）已可明确。在"生计"专栏中，他又接连撰写了访美成果《二十世纪之巨灵托辣斯》（《新民丛报》第40/41—42/43号）与对美国学者精琪的清国货币改革案的介绍与批评的《中国货币问题》（《新民丛报》第46/47/48—56号）两篇文章。对后者，他以张之洞的反对为例，斥其不过是不懂生计学学理的门外汉之辞，由此可见梁对该学之自负程度。

梁启超重视教育自不待言。《论教育当定宗旨》（《新民丛报》第1—2号）是其中的核心文章。其阐述教育是"制造国民之具"，所以须"熟考我国民族之特性"，然后确立宗旨，他把应模仿的对象英国、德国与日本作比较后论述如下。

英国是最荣誉之民族，拥有"自由独立"之精神，养成了活泼进步之国民，是铸造"自由独立、活泼进取之国民"的模范。德国以民族帝国主义为宗旨，是锻造爱祖国爱同胞之精神，"团结强立、自负不凡之国民"的模范。日本吸收消化了西方文明，却没有成为"文明之奴隶"，智育德育进步，成为"亚洲文明之魁"，不过因地势、君统、国民性不同，难以将其作为模范。为了在当今民族主义世界中生存下来，须确立与兼具人格人权、能自动自主、自治自立文明国家相匹配的宗旨，努力培养国民。他一边主张学习日本，一边又仔细指出差异所在。当时，清朝政府也开始着手引进近代学制，倡导将世界大势与中国的现实联系起来。

《教育政策私议》（《新民丛报》第8号），主张为了实际振兴中国前途所最急需的教育，要整顿小、中、大学的顺序与各种学校的组合，由地方负责经费，开展"义务教育"。梁启超在这两篇文章之外，第1年度发表在"教育"专栏的文章只有一篇，所以在"今日中国第一急务"的教育领域，为了使讨论更加活跃，在第2年第1号的《新民丛报》上登出广告称将特设一"教育时评"专栏，不过由于赴美原因，止步于计划。

关于宗教，梁启超涉及较多，基本上都是在普及自家之言，从实用性角度撰写的。《保教非所以尊孔论》前文已提及。

《宗教家与哲学家之长短得失》（《新民丛报》第19号）说的是，虽然各有长短，但按照常识，一般在宗教家中推举克林威尔、贞德，哲学家中大概只有当时才会推举崇尚"唯心派"黑格尔学说的民粹派女杰苏菲亚。她们1881年对亚历山大二世的炸弹袭击震惊了全世界，从此形成了必须废除专制政治的思潮。

尤为引人注目的是他把阳明学归类于唯心派，称唯心哲学属宗教类，把日本明治维新看作阳明学的成果。这种说法乃借助当时日本的风潮，不过不独梁启超，革命派人士亦受到了这一风潮的强烈影响。但是，他也阐述称，近三十年来，日本的民智虽然大进，民德却有所降低。包括留学生在内，清朝知识分子中有相当部分人曾在日本活动，思及此，当知这一包含正反两面意义的见解，其包含的历史意义十分重大。在这篇文章中，梁启超还对那些学习了斯密《国富论》后勤于殖私财，公德无法实践而放弃私德的新学之徒进行了批判。作为这方面的发声，是极早的。

《论佛教与群治之关系》（《新民丛报》第23号）称，发展中国的社会体制（群治）需要信仰，所以要依赖最高尚的宗教佛教（孔教为"教育之教"，不是宗教）。其历数"智信而非迷信""入世而非厌世"等六条解释为佛教信仰的特色，其中让人感兴趣的是在"无量而非有限"一条中列举的谭嗣同《仁学》之例。他引谭嗣同所言若能理解"好生而恶死，可谓大惑""灵魂"不死等事，就不会恐惧任何事，"成仁取义"一节，称正如西方经济学有"纯理"经济学和"应用"经济学，《仁学》为"应用"佛学。

署名"中国之新民"的每篇文章，都是围绕《新民说》中提出的各议题展开的，这一点从以上简单的解释中大致应有所了解。

《新民说》及《新民丛报》影响力空前。梁启超思想和行动的忠实支持者黄遵宪在1902年底写给梁启超的信中称，"此半年中，中国四五十家之报，无一非助公之舌战，拾公之牙慧者"。《新民丛报》得以拥有广泛而巨大的影响力，其社会基础是新闻界的这种多重构造。黄阐述地更加具体，称这些报刊借用《新民丛报》"新译之名词，杜撰之语言"，甚至连"大吏之奏折，试官之题目"都剿袭而用。"精神吾不知，形式既大变矣。实事吾不知，议论既大变矣"。称"举西东文明大国国权、民权之说"输入于中国的梁启超的努力才是这一变化的诱因(《年谱》3,第306页)。

大败于八国联军的西太后意识到只有与列强讲和一条道路,遂于1901年1月29日发布实施"变法"之"母子一心"的上谕。所谓"光绪新政"开始,出版界从戊戌政变后的凋零中复活,迎来了报刊的第二次热潮。上谕称康梁所为是"乱法",此次为真正的"变法",这么说虽然可笑,但实际效果无疑是显著的。

《新民说》是以打造"新民",改造中国为目的撰写的,文章称要成为"新民",须掌握"公德",公德是构成西方近代文明的要素,是近代社会所包含的体现自立的个人之德,因此需要从阐释其概念开始,连同实行方法一并解释。梁启超把占据"论说"专栏中心的《新民说》放在这一位置,把"学说"等专栏放在其周围,以笔名"中国之新民"论述与之相关的内容,从而形成有机之联系。

"学说"等专栏的文章,把构成西方近代文明内在的各事项放在一个大的构成体中书写。梁启超为了让大家理解要实现拧开"新民说"这一水龙头就会出水,背后须具备取水——净水——给水的体系,而设置了这些专栏,并孜孜不倦地以"中国之新民"为名撰写文章。这些文章,从后面的高度来看,在各种意义上都不算充分，但如果重置于当时的时代环境中，便可知那是让读者理解新"知"最合适的内容。之所以说梁启超在中国思想史向近代的范式转换中发挥了重要作用，原因就在于此。

梁启超的巨大影响力在于其崭新流丽的文体具有力量。当时梁倡导"文界革命"，在诗歌、小说、戏曲各领域都发挥了旗手的作用。最重要的成就被认为是在新文体领域。他的文章，叙述平易畅达，还使用了俗语、外语等丰富词汇，自由奔放的笔触，表达清晰，被称作是"笔锋常带情感"的名篇，所以转眼间便风靡全国。其名在《时务报》时已高，还曾诞生了"时务体"这一名称，但因《新民丛报》更为压倒性的影响力，一般称作"新民体"。这是从古文（文言）到口语文（白话）之间的过渡文体，为新文化运动的文学革命做好了准备。

4. 立场的转移

《新民丛报》给清末知识分子带来了极大的影响，已是众所周知之事。该报创刊之1902年，是留学生大幅增加的一年，次年（1903）留学生人数超过1000人。科举废止之后的1906年，这一人数估计达到12000人峰值。1907年估计约10000人，但次年骤减为5500人，此后逐渐减少，1911年辛亥革命那年约为3200人。

留学即学习日式吸收了的西方近代文明，所以这一20世纪初的历史奇观实为中国文明内在大变动的直接表现。且不说学习程度如何，辛亥革命之前的十年间，拥有留学经验的人，大概轻松就超过50000人，所以数量上形成了超过科举体制下约20000人举人规模的社会阶层。无论是举人还是留学生，在地位上都可以说是高级知识分子，但其知识的内容已发生变化，这一点无需赘言。

推动清末这一知识变动的核心媒体是《新民丛报》。东京的留学生中，1902年末湖南留学生陈天华、杨度等人创办了《游学译编》，1903年初湖北留学生刘成禺、蓝天蔚等人创办了《湖北学生界》（后改称为《汉声》），浙江留学生蒋智由、蒋方震等人创办了《浙江潮》，江苏留学生秦毓鎏、丁文江等人创办了《江苏》，直隶省（现河北省）留学生创办了《直说》。1900年末戢翼翚、杨廷栋等人创办《译书汇编》，于1903年改变编辑方针，从翻译杂志变为以"独立研究"为目的的政论杂志，改名为《政法学报》。1902年4月，马叙伦等人在上海创办了《新世界学报》，同年末秦力山等人创办了《大陆》。

这些杂志都将输入东西新学说、唤起国民精神等标榜为宗旨。不仅如此，体例、格式都模仿的是《新民丛报》，这一点观其栏目即可明白。意即《新民丛报》开辟的道路，催生了留学生团体甚至国内知识分子成群追赶之令人刮目相看的历史现象。文章水平，基本上要数在日本出版的为高。

针对这一新的现象，有人提议修改类似以省为单位的同乡会式的出版样态，改为出版以"学科"分类的刊物。出版物样态并没有完全按照提议发展，但的确出现了教育等以领域分类的杂志逐步增加的潮流，所以事态也在朝这个方向发展。

补充一句，所谓"学科"，虽然色彩稍有不同，但值得注意的是政治性发展方向明确的、突破省际壁垒的杂志于1905年6月创刊。安徽的程家柽、湖北的田桐、湖南的陈天华等创办的《二十世纪之支那》即为此类。该刊原本应成为中国同盟会的机关杂志，但受日本政府的镇压，被禁售，所以计划并未实现。代为出场的是《民报》。关于革命派的《民报》与君主立宪派的《新民丛报》之间的论战，将在下文（第4章第2节）论述。

再回到给梁启超思想带来巨大影响的访美上。

梁启超返日后整理的访美记录是1904年4月作为《新民丛报》临时增刊出版的《新大陆游记》。该临时增刊是一个包括了200多页正文，卷首有35幅风景、人物照片，以及两篇长篇附录的大本。内容极为丰富多彩，但在此仅讨论两处。

一是梁启超对美国的评价。与清末诸多进步知识分子一样，对梁启超而言，美国是一个理想的近代国家。公仆总统、公园与卫生与道德之间的关系、重视公益的图书馆运营等，叙述中有很多是佐证这些融入日常生活的"公德"诸相的切身体会。值得注意的一点是他对美国政治的观察，他认为选举制度为了获得下层民众的欢迎而沉沦于愚民的"暴民政治"，导致排斥华人，这比章炳麟批评代议制要早。他还确认了共和制在美国，其政治是以州及以下小的地域社会为基础发挥作用的，由此更加确信中国的政治改革方案应该是君主立宪制。可以说与革命派之间的论战，他在学说层面的基本姿态此时早已确定。

二是通过对在美华侨的观察，加深了对中国人国民性的省察。在理应不会出现专制政治习性的美国，他对华侨发挥"自治能力"曾多少有些期待，然而意想不到的是，致公堂等秘密结社之间的对抗在各地频发，每年都会导致大量死亡。长达十个月的访美，期间所到之处大受欢迎的梁启超，得出了中国人"欠缺自治力"的结论。

《新大陆游记》提到中国人的缺点是：① 有"族民资格"而无"市民资格"；② 有村落思想而无国家思想；③ 只能受专制不能享自由；④ 无高尚之目的。这些才是他通过《新民说》希望确立的德性，其失望之程度由此可想而知。

另外，梁启超在正文中并没有涉及美国与清朝的外交问题，附录有长篇《记华工禁约》。因支持戊戌维新而被问罪流放的梁启超同乡前辈、原驻美公使张荫桓曾认真着手解决这一问题。对此他虽然思虑较深，却没有直接触及。[1]

另一篇附录是《美国游学指南》，对课程、水平、经费等进行了具体的说明。对真正的志愿者来说虽然有用，但其实没什么效果。

访美最初的那段时间，梁启超曾希望尽早返日，但他难以漠视美国各地华侨的要求，始终没能回日。十个月后的1903年12月11日，因其不在期间广智书局出事才被急召回到日本。

最重要的《新民丛报》的编辑工作托付给了麦孟华他们。《新民丛报》从第30—37号，没有一篇梁启超署名的文章。"论说"专栏中刊登的《论独立》《说希望》《服从释义》称，国家的独立依靠个人的自治、地方的自治，希望是制造英雄的原料，不应服

---

[1] 清末外交，也就是对西方各国对外交涉的名称（即概念），经过了从"夷务"到"洋务"，再到"外务"的变迁。冈本隆司等人所著的《出使日记之时代》（出使日記の時代）试图通过对包括张荫桓在内的"出使日记"的分析，阐明"洋务"时期（1860—1901年）外交之实际情况，对理解本书课题所处的各种国际背景极有帮助。

第 3 章 精神

从强权，而应服从公理，性质上是与《新民说》相同的文章。李国俊编的《梁启超著述系年》中认为这些是梁的文章。但未署名依然值得注意，很可能是麦孟华等人刊发的梁的未定稿。这些稿件用完后，"论说"专栏登出了夏曾佑等人的文章。

总之，梁启超访美给《新民丛报》带来了极坏的影响，最直接的结果就是拖期。梁"回"到日本时，已经出现了四个月的错期，梁启超不断推出合刊以理顺条理，终于在延期约半年之后，完成了第 2 卷的出版。第 3 卷第 1 号（第 49 号）结束印刷的时间是 1904 年 6 月 28 日。

具体来看这之后的《新民说》。

从美国回来后的梁启超把第十八节"论私德"登在了第 38/39 合刊、第 40/41 合刊、第 46/47/48 合刊上。接着，把第十九节"论政治能力"登在了第 49 号和第 62 号，第 72 号上的第二十节"论民气"在最后。不过梁启超却没有留下关于撰写完毕的只言片语，杂志在形式上还是未完，但此后再没有出现以"新民说"为题目的文章了。第 73 号以后再没刊登过署名"中国之新民"的文章，只能认为是换了一种形式的封笔宣言。

如前所述，《新民说》是为了让中国的旧民变成新民，以培养"公德"为目标，解释其内涵的一篇文章。然而，第十八节的题目却变成了"私德",这暗含作为一篇文章的论点的替换,以及写作态度上的重点转移。

梁启超如下讲述了须讨论私德的情况。"公德之效弗睹者",乃因"私德有大缺点"。所谓缺点是指,出现了一群嘴上大谈属于公德之理想,但却谋一己之利,损害社会的"末流之徒",称必须先从私德的修养着手。

梁启超称,民德随时代上下浮沉,现在是中国历史上最低谷的时代。他制作的春秋时代以来2000多年的《中国历代民德升降表》(图11)中,最高的第一级唯有东汉。作为东汉民德向上的原因,梁虽然说的是顾炎武的议论,但参考的应是赵翼的《东汉尚名杰》(《廿二史札记》)。补充一句,宋与明末被放在了第二级,

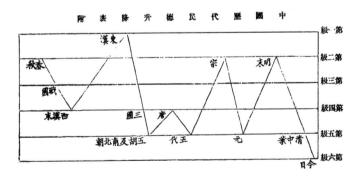

图11 《中国历代民德升降表》(出自《新民丛报》第38/39号合刊)

以致敬朱子与王阳明。现在是最低的第六级。之上的第五级是"五胡及南北朝"与五代、元朝,所以他的判断一定是有意识的。他称该表是期待今日"新学之青年"唯以道德为师,慎身担负起"救国之责任"而作。

私德堕落的原因有多种,但对维持发扬风俗节义尤有责任的是"学术",为纠正这一现象,梁启超提出了王阳明的三个标语。一为不倾于功利之诱惑,正根本之精神(正本),二为审慎自己的内心,通过自我反省发挥与身具有的"良知"(慎独),三为切实实践日常琐事(谨小)。此处,与在阐述康德学说的文章中一样,梁启超称王阳明的"良知"乃康德之"真我",这一点引人深思。

在从私德出发讨论时,梁启超基本上参考的是阳明学。对此,黄遵宪的意见是"遂能感人,亦不过二三上等士夫耳",此话颇值得倾听(《年谱》3,第341页),但遗憾的是,对梁引以为豪的把良知比作真我这一观点,黄遵宪并没有特别提出意见。

与私德修养的转换相呼应,新民丛报社于1905年11月出版了黄宗羲的名著钞本(虽是钞本亦已收录了大半)《节本明儒学案》,12月出版了收录有从宋明理学大家到曾国藩等学者名句的《德育鉴》。后者在《新民丛报》第46/47/48合刊发表《论私德》

时已登出出版预告的广告，由此可知早有此计划。封面上刻着"甲辰年新民丛报之临时增刊"，由此可知其为阳历1904年年度的"临时增刊"。这一时期，为提高精神力的《中国之武士道》（1904年）、《松阴文钞》、郑所南的《心史》（皆为1906年）等的出版颇引人注意。

梁启超在《新民说》中以私德为基础来立论，受到一个号称"和事人"的读者痛批，称其此举为转向。梁启超改变了讨论的根据，这一点确如"和事人"所言。在先前的《论公德》中，为社会带来利益这一道德的本质，虽然古今东西皆不变，但道德的外形却会应社会进步而发生变化。也就是说古代有古代的道德，近代有近代的道德。然而，《论私德》却称，道德古今东西皆不变，随时代发生变化的是伦理。把伦理作为道德的下位概念，认为其将随时代而变化，由此把中国自古以来的道德打造成适用于当前创造"新民"的机制。这是梁启超为回避讨论公德，首先阐释私德修养所必要的装置替换。

在此需要注意的是，1904年2月保皇会大会曾准备在香港召开，但以失败告终。康有为、梁启超等各分会的代表齐聚香港，至少讨论了商会的设立问题。为此开展募捐，美国支部等汇来相当多的资金，却没有相关资料。商会在两年后依然处于准备过程中，所以保皇会内部是相当混乱的。

之后梁启超前往上海，于1904年6月12日创办日报《时报》后又返回日本。这一时期，革命派的非难、中伤也开始日渐激烈，梁启超登出《辩妄广告》进行反驳，在应对革命派方面花费了相当的力气。其间《新民丛报》第42/43、第44/45合刊上没有署名"中国之新民"的新作品。

梁启超改为讨论要成为"新民"须从私德之修养开始后，又接着在《论政治能力》（《新民丛报》第49号）中称，在讨论政治思想有无以前，关键的问题是中国人没有政治能力。家族制度的制约和经济的匮乏，使这些能力丧失了。这一论断也是他在美国与华侨接触之后的认识，如果与私德的欠缺联系在一起这样讨论，那么到底该如何是好呢？

答案写在了半年多以后的第62号上。其重点不再放在普通国民身上，梁启超开始讨论培养政治能力的主体，即组织"中等社会"。具体而言，对于当时已明显呈对立状态的立宪与革命两主义，梁启超认为就历史上来看"革命主义进一步，则立宪主义必进一步"，两者在"反对现政府"这一点上是一致的，所以应通力合作。这一理论偏离了《新民说》的精神改造论，成为运动论。但是，文章的论题虽已改变，但讨论的是"新民"的社会定位，从这一点来说，依然还是讨论方法的转移。文末有"未完"，表示梁曾计划继续就接受了这一观点之后的政治能力的培养问题撰写文章，但此后并没有再写。

梁启超在第62号提出组织"中等社会"这一问题的背景，从第52号以后"论说"专栏中刊登的题为《外资输入问题》的文章中可以窥见。那是一篇提出铁路铺设权、采矿权等亟待解决的政治课题的文章，认为只有做到主体性防御抵制列强对中国的资本输出，才能真正地利用外资。对于外资，"抵制"是根本原则〔经〕，"利用"是应变措施〔权〕，梁启超呼吁要团结有志者之力，进行国家性课题。这是显而易见与政治能力直接相关的地方。

《外资输入问题》之后登在"论说"专栏中的《我之生死观》（《新民丛报》第59—60号），则是一篇与《新民说》完全不符的文章。梁启超在开头称，人皆有一死，死后有无所留是意见分歧之所在，把留下的广称为"精神"，而论"死学"。

此文概要如下。佛教中称，通过"羯磨"之"熏习"，创造了今天的自我，进化论者则称"遗传"的结果创造了今天的"国民心理、社会心理"。"个体"虽死，而"群体"不死。孔教之"名誉传承"也指的是"精神"。身体各部死亡，使我身生，我身死而使社会生。社会与将来的观念是人与禽兽的分界线。中国人拥有强烈的为了家族子孙而牺牲自我的习性。中国能在世界上竞争的"原质"就在此。若牺牲自我的习性不仅限于家族,而是推而广之,中国即会勃兴。

这显然是在社会关联层面追求让自己的死拥有意义的一篇文章。在提倡敢死之精神上,虽然可以说与《新民说》有关,但还是显得比较心虚。依然将自己的死看作是问题。

在保皇党内,梁启超是卓越的政论家评论人,同时还是有才华的募捐明星。募捐有明确用途,如学校建设等公开进行的和武装起义等秘密进行的两种。前者虽然也绝不简单,但对当事者而言,后者的困难之大是压倒性的。因为唯有实际行动才是有效的收据。

梁启超在1900年勤王起义中面对的困难,前文已述,之后他又被康有为派往澳大利亚和美国。梁从美国返日前夕,因难以忍受报刊杂志对他吸吮民之膏血的批评和同志的怀疑,向康有为吐露了他的壮烈心情:"清夜自思,恨不得速求一死所,轰轰烈烈做一鬼雄,以雪此耻,但今未得到其地耳","(唐才常)死于是,弟子自计将来其亦必死于是而已"(《年谱》3,第332页)。

1904年春的保皇会大会之所以没能成功召开,还是因为秘密活动的问题。同年秋,梁启超对蒋智由说,秘密的军事教育和武器制造是准备中最重要的项目，依然考虑的是武装起义。但是，康有为已经放弃了武装起义的路线，把秘密资金转向暗杀西太后、张之洞等人（《年谱》3，第343页）。对花钱雇人暗杀持批判态度的梁启超，从运动论的角度转向了组织"中等社会"的方针。

总之需要记住，在1905年初，梁启超还是把自己和革命派都看作是反政府势力来思考问题的。不消说，这是《新民说》的基本构思。

1905年年底，爆发了一起动摇在日留学生界的大事，即所谓《清国留学生取缔规则》问题。把日本文部省颁布的"取缔规则"看作是对清国留学生侮辱的学生们，于12月4日开始同盟罢课进行抗议。参加人数规模很大，据说超过了8600多人。对此，《朝日新闻》（12月7日）讥笑称"此源于清国人特有的放纵卑劣意志，团结亦颇薄弱"。悲愤中陈天华于8日决意投水自尽，呼吁学生发奋救国。

陈天华的死使运动迅速激化，激进学生于14日开始一起回国。一艘船载了约200人，由此不难想象事态的严重。虽然归国派绝非多数，但声大势盛。

注意到事态严重的梁启超发表了特别论说《记东京学界公愤

事》(《新民丛报》第71号)。他对留学生发挥自尊心一事表示"惊喜"的同时,又对此事发展成归国运动表示"恐惧",提出善后措施。称东京学界虽然存有缺点,但在中国现在的社会中已是"最良之社会",呼吁在一定条件下改变方针,停止一起回国。学生中,包括革命派在内,对回国表示反对的人也很多,但此时他们作为反对派的声音已被抹掉,梁的发言没有产生效果。

就这样,《论民气》登在了第72号上。文章称,民气必与民智相待,又必与民德相待。无民智、民德之民气,将招致义和团、法国大革命那样的恶果。明确提出未可用民气时不得煽动,称先前东京学生的罢课就属于此例。

自然,这是一篇偏离了《新民说》原本构想的文章。是把上一号在特别论说中的主张重新写在《新民说》标题之下的政论。如上所述,《新民说》在没有任何说明的情况下以《论民气》而结束,也是理所当然的了。因为精神上已经到了无法继续写下去的地步了。所以,在梁启超来说,《新民丛报》第73号以后不再刊登署名"中国之新民"的文章,或者就是向外发出的信号,《新民说》的《新民丛报》已经结束。未明示"剧终"的落幕与下一章为宪政视察大臣代写报告书密切相关。

补充一句,《新民丛报》中的《新民说》第十九节《论政治能力》

与第二十节《论民气》，前后顺序在《饮冰室合集》中做了调换，估计是为了淡化对革命派实力行动主义否定的论调。作为与之对应的措施，编辑合集的负责人林志钧，故意将《东京学界之公愤事》特别论说、"国闻杂评"专栏中的《抵制禁约与中美国交之关系》(《新民丛报》第68号)等几篇文章从合集中拿掉了。

《新民说》之变化自然也影响了其他署名"中国之新民"的文章。最引人注意的是第一次刊登《论私德》的那期"学说"专栏中的《政治学大家伯伦知理之学说》。文章如是说，百年前政界变动最有力而今日已成陈腐之说的卢梭学说，五年以来稍"输入"我国，"大受欢迎于"我国"新思想界之人"，而引起危害。正如伯伦知理所言，在没有国民资格的中国，不可采用卢梭学说，今日中国需要的是统一与秩序，自由与平等在其次，国家目的之第一，在于追求"国家自身"的目的，私人是实现这一目的的"器具"。

《清议报》上连载的伯伦知理《国家论》之说，是梁启超应现实所需而进行的讨论，但显然其讨论的方向不对。另外，五年以来稍"输入"我国的卢梭学说，是1898年出版的中江兆民《民约译解》的盗版，即《民约通义》。尽管有正确的兆民译本传入，但清末实际流行的却是极不正确的杨廷栋译本《民约论》。杨廷栋译本是以原田潜翻译的《民约论覆义》（春阳堂1883年版）错误太多为由而重译之作品，但却故意把原田翻译为"社会"的地方改译为"国家"等，改得更差了。

属于彰显伯伦知理这条线上的文章有《论俄罗斯虚无党》（《新民丛报》第40/41号合刊，"历史"专栏）与《二十世纪之巨灵托辣斯》（《新民丛报》第40/41号—第44/45号，"生计"专栏）。前者认为专制接连诱发了炸弹恐袭，后者托辣斯把美国7000多万"自由民"变成了经济界帝国主义"专制团体之奴隶"。这两篇文章，与梁启超那句有名的访美体验总结"由美洲来而梦俄罗斯者"相对应。它也支持了《中国历史上革命之研究》（《新民丛报》第46/47/48号合刊）中的主张，称中国的革命不同于西方，所以在中国不可革命。

"学说"专栏中还需注意的是讨论墨子的《子墨子学说》（《新民丛报》第49—58号，第一个"子"为敬语）。第49号是自《论私德》之后又改变论点，刊登《论政治能力》的那期，这一点需要注意。如前所述，第2卷第1号的"改良广告"中列举的计划在该专栏刊登的六位中国人中，实际只写了墨子一人，并且内容也与之前大不相同。梁启超已声明是借用了高濑武次郎的《杨墨哲学》。高濑是井上哲次郎的弟子。

这篇文章首先宣称此文目的是为了改革现状,称今天的中国已全是利己主义的杨子之徒,如此定会灭亡,所以为了救国须学习博爱主义的墨子之学。"墨学之特色"在于"道德〔兼爱〕与幸福相调和",墨子之利在于"利人",所以墨学乃"圆满之实利主义","兼爱"为维持社会"不二法门"等。梁启超由此进行了与公德相关的讨论。同时他又称墨子的"政术"是民约论派的政术,虽优于霍布斯,却不及洛克和卢梭。此处可以说是以中国先哲为素材的"新民说"的讨论。

但是,论点在第57号发生了巨大变化。称墨子是中国独一无二的执行家,不怕死的道德责任感和义务观念是执行所必需的,该观念包含了"感情之观念""名誉之观念"。作为"感情之观念",列举的具体事例是唐才常为谭嗣同复仇之心。只有有死后之荣誉,义务感才会与"灵魂之观念"联系在一起面对死亡。这一期的文章中,附有一篇短文《生死之观念》,其目标何在显而易见。此处可再次确认这与前面提及的第59号的《我之生死观》直接相关。

《新民说》转移立场改为从私德开始讨论,其影响波及"中国之新民"署名的其他文章。试再举一例,曾备受赞誉的克林威尔传记,在进入原本应书写事迹的阶段前被中断就是受此影响。访美后,也变成只刊登《明末第一重要人物 袁崇焕传》(《新民丛报》第 46/47/48 号—50 号)、《中国殖民八大伟人传》(《新民丛报》第 63 号)、《祖国大航海家 郑和传》(《新民丛报》第 69 号)等中国人的传记了。

袁崇焕是与满族作战获胜的爱国将军。八大伟人虽然都是些 18 世纪成为暹罗国王的郑昭等小人物,但由于是殖民者,所以才特意表彰。郑和是远征南海的英雄。他在哥伦布、麦哲伦之前,于 15 世纪初就到达了非洲东海岸的莫桑比克等地,曾七次大航海。西方不断有后继者出现,而我们却在郑和之后再无后续,最终变成久居人下。

补充一句,梁启超在李鸿章去世后即作一书《李鸿章》,由新民丛报社出版。以饮冰室主人为作者名,表示这并非是一本新民模范之传记,而是通过批判"近数十年来"位居清朝政治中枢的李鸿章之业绩,提出改革的问题所在。从这一意义上来说,该书是从反面与《新民说》相呼应的著作,所以成为深受市场欢迎的畅销书。

进而言之,"历史"专栏也几乎全是中国的内容,如《中国历史上革命之研究》(《新民丛报》第 46/47/48 号)、《世界史上广东之位置》(《新民丛报》第 63—64 号)、《历史上中国民族之观察》

(《新民丛报》第 65—66 号）等，呈现出相同的倾向。

  《新民说》及其相关文章，对那些正在摸索 20 世纪初被逼入窘境的中华文明再生之道的人来说，是指明新方向的"活生生的文章"。只有这样，这些文章才能在中华文明的范式转换中占据中枢位置，为近代东亚文明圈的形成，担负起极为重要的历史作用。

第4章 行动
——代笔、论战、运动

《民报》创刊号封面

梁启超代替《新民说》刊登在《新民丛报》上的文章是《开明专制论》。他于1906年又代写了宪政视察团的回国报告。该报告由国事犯罪的流亡者代写，且关乎国家制度的根干，而清朝却在此基础上发布了准备立宪的上谕。与此同时，梁启超与革命派机关刊物《民报》之间，围绕改革方策展开论战。他不认同通过武装斗争进行反满的"种族革命"，要求通过"政治革命"，变为君主立宪制。他关于近代国家建设的理解由此得以推广且固定下来。梁在神户时曾组织政闻社，以谋求真正的政治参与，但随即被禁止活动。咨议局、资政院开办后，正当国会开设运动取得一些成就时，武昌起义爆发，中华民国诞生了。

1. 代笔宪政视察报告

《新民丛报》第73号（第4卷第1号）出版于1906年1月25日（光绪三十二年春节）。代替《新民说》放在卷首的文章，是署名"饮冰"的《开明专制论》。这一期的专栏有论著、译述、批评、

第 4 章 行动

记载、文艺、杂纂。仅凭此很容易就能察觉编辑方针已经改变,实质内容也已发生了变化。

梁启超的文章虽然从第 73 号到第 92 号都有刊登,但笔名皆为"饮冰",无一为"中国之新民"。停刊号第 96 号的出版日期写的是 1907 年 11 月 20 日,但其实是在次年 1 月左右出的。在这之前的 1907 年 10 月,梁启超为立宪运动在东京创办了《政论》杂志,见下文。第 93 号以后没有梁启超的文章,是因为他将精力花在了《政论》上。

《新民丛报》第 4 卷两年只出版了一年份的内容,出版得相当混乱,原因却是通常难以想象的,这是因为梁启超竟然在为清政府的宪政视察团代写报告。当时他乃巨额悬赏通缉的"钦定之罪人",这令人感到不同寻常。

对西太后而言,康有为、梁启超与孙文乃不可原谅之罪人。程度如何,从她为击败政敌,捏造政敌与康梁一起的合影就足以了解。也就是说被通缉的政治犯深入参与到了当时政府进行的政治改革的核心事业中。当然,此事是在秘而不宣中进行的。

清朝为采用立宪制,迈出派遣宪政视察团这一大步,发生在 1905 年。比明治政府的岩仓使节团晚了 34 年,比德川幕府派遣咸临丸访美使节团晚了 45 年。1905 年 7 月,载泽等人发出宪政视察命令。因吴樾在北京站的自杀式炸弹袭击，该计划一度延期，但视察团在更换了部分成员后于当年末出发。

视察大臣为载泽（皇族）、尚其亨、李盛铎以及戴鸿慈、端方，共五人。后两位于1905年12月19日从上海出发，绕美国、德国、奥地利、意大利等九国一圈后，于次年8月10日回到北京。前三位于1906年1月14日从上海出发，在访问了日本、英国、法国、秘鲁之后，于7月23日回到北京。根据这份视察报告[1]，西太后的清政府于1906年9月1日颁布上谕"预备立宪"。这一动作，虽然从表面看，似乎只让人觉得仓促，但内里其实颇为复杂怪异。

对奉命在外国进行考察的五大臣而言，带回能采用立宪政体的成果乃至上的命题。其实，戴鸿慈的《出使九国日记》和载泽的《考察政治日记》中都颇为详细地记录了视察的经过。

载泽一行首先访问了日本，接受了法学博士穗积八束关于日本《宪法》的讲义。其要点是，日本帝国的宪法是"皇位是主权之本体"，规定了"立法权、大权、司法权"三权，但相当于行政

---

[1] 戴鸿慈：《出使九国日记》、载泽：《考察政治日记》，钟叔河主编：《走向世界丛书》，岳麓书社1986年版。

权的"大权"在于"君主独裁之处"。也就是说虽然形式上采用分三权的立宪制,但本质上是天皇独裁的国家。

次日,伊藤博文用了两个半小时回答了关于宪法的提问。载泽方开口问的第一个问题是:"敝国考察各国政治,锐意图强,当以何为纲领?"对此,伊藤回答称,最重要是采用立宪制,此为第一。接着又问,那么该以哪个国家为模范?伊藤答曰,君主国清朝与日本一样皆"主权在君不在民",所以"似宜参用日本政体",并且就"天皇神圣不可侵犯"、天皇与议会的关系等做了诚恳的解释。

制定日本帝国宪法的核心人物伊藤自信满满,他的解释皆抓住了要点,可以肯定对载泽他们有用。但是像这样出国之后去接受初级的讲座,能有什么样的成效呢?再加上,这场环游地球背面的大旅行,时间只有短短半年多。对东方人而言,西方近代的政治思想、国家学说很难理解,这都无需赘言。但是在这之后载泽的日记中再无关于专家讲座的叙述。戴鸿慈的日记中也没有。

如此,只能把希望寄托于随员身上。随员中虽然有人曾留学欧美,但没有人能充分发挥作用。于是,不知谁提议,变成了委托梁启超代写视察报告所需要的文章。让一位流亡中的国事罪犯代写国家使节团的报告，真乃异想天开之策。一旦泄露，必定会成为一件动摇王朝存立的丑闻，但身为责任人的五位大臣却批准并使之实行。

对梁启超来说，这也是让同志或支持者视为背叛的有风险的事。但是，能够为推动祖国立宪改革发挥重要作用，也是他梦寐以求的。虽然很苦恼，但最终梁启超还是接受了。就这一问题，能确定的梁启超曾与之商量的仅有徐佛苏一人。徐是梁在此前不久刚认识的，与保皇会相关的老同志几乎没有任何联系，而且还拥有法学方面的丰富知识，所以梁希望从他那里获得智慧。[1]

了解视察团意向，秘密回来与梁启超接触的是曾经与他一起在湖南推动变法运动的熊希龄。彼时，熊是端方的随员，但访欧途中，曾失去踪影，暂时回国。1906年6月2日以后的一天，他来到日本，秘密与梁启超接触，订立密约。于是，梁启超写了"凡二十万言内外"，于7月中旬前往上海，8月3日前交到了熊希龄手上。3日晚，戴鸿慈检阅了"定国是""改官制""审外交""设

---

[1] 浅原達郎「"熱中"の人—端方伝（7）」，113、133頁。徐佛苏的论文是《新民丛报》第78、80号的《论责任心与名誉心之利害》，讨论的是现在依然还在"政治学"范畴的国民国家形成的问题。下文对熊希龄与梁启超接触日期的推断，参见夏晓红整理《代拟宪政奏折及其他》，《现代中国》第11辑，北京大学出版社2008年版，第28页。

第 4 章　行动

财政调查局""立中央女学院"五篇。20 万字,即便以每天 6000 字的超人速度,也需一个月以上,其工作尽心之程度超乎想象。

代写稿递交以后,梁启超马上回到日本。大概是 8 月 10 日之前到达日本,将事情的经过最先告诉了心腹之交徐佛苏。梁称"尔来送生活于海上者二十余日,其间履陆地者,不过三十余小时"(《年谱》3,第 353 页),可知行程隐秘,除在上海登陆之外,其余时间皆躲在船室中。

梁启超代写的这份文件中,最重要的是《请定国是折》[1]。八年前的戊戌维新,众所周知,也始于光绪帝颁布《国是》诏。戊戌时的诏书中虽然阐释了要变法的精神论,但除创办京师大学堂外再无别的具体方案,日本模式更是连提都没有提。在此前后,康有为、徐致靖、宋伯鲁代写的奏折,也没有提及改为立宪制一事。

相比之下,梁启超代写的《请定国是折》显然更加充实,文章梗概如下。首先阐释奏折之主旨。使节团为寻求可以成为"中国振兴之机"的"列邦善政中中国可行之策",视察了各国政策。

---

[1] 端方:《请定国是以安大计折》,《端忠敏公奏稿》第 6 卷,28 叶表 — 43 叶表。当然,端方等也进行了修改。

认为应采用的唯一之策为"立宪政治"。为此，需确定"定国是"这一大方针。

进入正文后，阐释立宪制之长处。回顾开国通商以来的历史，中法战争、甲午战争、八国联军，连连败仗，靠"洋务"求富强没有获得任何成就便告结束（此处之洋务，指的是19世纪60年代以后开展的地方官员引进机械工业之策）。失败的原因是，要实现富强，需"整理内政"，但却没有理解整理内政中最重要的是"政体"的选择。

政体中有"专制"与"立宪"两种，在"专制政体"国家中，"君主一人"担负全部责任。无论是因被委以国事的官员作恶而成民怨之的，还是俄国皇帝那样成为炸弹袭击的牺牲品，都是因为君主须担责所致。因此，无论君主还是国家都极危险。而"立宪政体"国家拥有作为"根本之法律"的宪法，宪法中明确写着"君主无责任"。实行政治的，是"责任内阁"，其政治由人民"选举"的议会进行。"租税"的用途也在"预算案""决算案"中清楚明白，所以国民也自觉履行"纳税义务"。故，无论君主还是国家都安泰，由此可以实现国富兵强。

然后文章又结合世界形势阐述采用"立宪"政体之必要性。在"帝国主义"时代的当今世界，中国不能止步于与专制俄国相同的政体。俄国败给了日本，所以须以打败俄国的日本为模范，采用立宪政体。越南、朝鲜被法国和日本所掠夺，"与其以此责法与日之横强，不如责安南朝鲜之自取灭亡也"，应以此为镜。这份奏折对"帝国主义"有补充说明，称指的是掠夺他人领地之"霸国主义"，这应是为了便于西太后等人理解而换的一种说辞。

文章最后提出了具体的实施方法。在历史悠久的中国，所有"制度文物"皆根深蒂固，所以多数不能马上采用，需要准备的时间。"夫中国非立宪不可，而速立宪又不可"。那么，该怎么办？学习日本。日本于明治元年（1868）定"五条国是"。并且在明治14年颁布诏书，约定十年后开设国会，明治23年国会成立。期间经过了20多年的准备时间。所以，中国也需要从制定"国是"开始。

中国应定之"国是"为以下"六事"。

① 举国臣民，立于同等法制之下，以破除一切畛域。

② 国事采决于公论。

③ 集中外之所长，以谋国家与人民之安全发达。

④ 明宫府之体制。

⑤ 定中央与地方之权限。

⑥ 公布国用及诸事务。

可见，根据日本的"五条国是誓文"，前三条对应的是立宪政体的原则，后三条阐述的是在改为君主立宪政体时须注意的具体办法。第四条区分宫、府乃最紧要之事，第五、六条也与之相关。也就是说，负责起草报告的梁启超，其思考的原则是综合考虑日本的起点与终点，即"五条国是誓文"与颁布宪法之后的政治体制。他的结论是，如果将此"国是"作为"宪法"进行预备立宪，中国将在"一二十年后"奋然崛起，成为"世界之第一等国"。

报告的结构经过了认真思考，文章也已直言尽意。秘密是如何保守的尚不得知，就这样，此事在与梁启超的关系依然隐秘之下有了进展。

接下来将以上述"六事"中的第一条为素材，进一步具体考察《请定国是折》在东亚文明圈中的时代地位。

"率土之滨，莫非王臣"，如其所述，"一视同仁"是王者之德，内政不发达，存在阶级，就无法实现"举国一致"。故立宪国家，皆在宪法中规定了人民平等。中国要预备立宪，须通过制定该"宪法之精神"，显示"一国之标准"，谋求精神的团结〔同德〕。刑法、民法、商法等所有法律皆发源于此，官制、兵制等制度皆依据于此。

也就是说，采用立宪制度的第一前提，是树立"臣民平等"

之原则。清朝不仅有贵族制，最令人民反感的是对汉族的民族差别构成了其统治的基础。众所周知，辫子是其象征，是把汉族对满族统治的奴隶性服从肉体化。所谓"种族革命""民族革命"皆起因于此。代笔人梁启超自不待说，有志于立宪制的高官们也基本能理解四民平等的必要性。

接到五大臣的归国报告后，西太后政府于1906年9月1日颁布上谕预备立宪。[1]这又是一次难说经过充分审议的高歌猛进。上谕中明确写道：根据被派去考察政治的载泽等人的奏折，"仿行宪政，大权统于朝廷，庶政公诸舆论，以立国家万年有道之基"，首先从官制改革入手，教育"绅民"使之具备立宪基础，整备后"妥议立宪实行期限，再行宣布天下"。"绅"是指退休后回到故里的官员，身份比"民"高。所以"绅民"是拥有特权的精英绅士与平民，表示涵盖了所有阶级。

上谕内容虽然涵盖了官制整备、法律制定、教育兴隆、财政整理、军备整顿、警察设置及所有国政，但要等多年后规模基本整备了再重议施行期限，在这一点上是极松散的。补充一句，虽

---

[1] 朱寿朋编《光绪朝东华录》第5册，张静庐等校点，中华书局1958年版，总第5563页。上谕称改为立宪制符合"合群进化之理"。

然国是第二条写着"公诸舆论",但上谕没有涉及国是第一条的"臣民平等"。

上谕明白写着首先着手"官制改革",在约两个月后的11月初便有了结果。见此,徐佛苏称"政界事反动复反动,竭数月之改革,迄今仍是本来面目,政界之难望,今可决断"。视察报告原作《请改定官制以为预备立宪折》,乃梁启超之代笔,所以作为知情者,徐佛苏了解其投入全身心之努力,而难掩灰心失落:"公一腔热血,空洒云天,诚伤心事也"(《年谱》3,第368页)。

尤其令徐佛苏灰心的是"军机之名"不改,"礼部仍存留并立"。"军机"为军机处,是大约170年前雍正帝为提高政务处理之速度而设立的一个与内阁并行的机构。从其成立来看就是重复建设,但按照尊重成例之传统,内阁一直作为多余的机构存续了下来。即,废除双重制,实现内阁一元化的提议被无视了。无需赘言,改革后的新内阁,设想的是向议院内阁制发展的近代责任内阁。留存军机处,意味着权力机构根基不动,也就是对最重要处视而不见的"改革"。

相较军机处,礼部的问题较小。但礼部工作之最重要的,是支撑皇帝政治根基的官僚选拔制、与科举相关的事务,所以废止礼部,对改革构想而言具有象征性的意义。

拥有上千年历史的科举最终在1905年被废止。王朝时代高等文官选拔制度的科举，由几个阶段的考试制度构成，其长官虽然只在科举考试时被任命，但与地方长官总督、巡抚同级，由此可见其重要性。科举考试须拥有上万间考棚，实施细则极为烦琐。为了让通过考试的合格者受到"正途出身"的优待，形成了与之相符的结构。

科举被废止之后，礼部剩下的就是与典礼相关的工作了。所以，为了处理这一事务，曾构想设一典礼院，把礼部塞进去，然后把担负同样任务的太常寺等机构也合并其中。从工作的角度看，这也是通过整理重复机构使其变得合理。但是，该构想却并没能实现。这肯定是从保持职位的角度考虑的。

科举这一官僚选拔录用制度是王朝统治的脊梁，所以对中国社会和文化具有无可比拟的重要性，其废止在某种意义上自然也是困难重重，但最后还是被废了。而令人惊奇的是，科举管理机构的存废与合并，竟然更难。一直以来倡导改革、废止科举的人，自然会对此感到遗憾。预备立宪的招牌是立起来了，但实际的改革却只进行了这些。

回到梁启超身上。暗地代写视察报告，给他原本的活动带来了巨大的影响，使其政治立场变得极为复杂。梁活动的中心是出版《新民丛报》。访美使出版延期，前文对此已有论述。那时他身负保皇会的任务，虽然将后面的出版事务托付给了麦孟华等人，但结果变成了那种情况。而此次的工作是瞒着周围的人，困难更增几倍。《东邦协会会报》的受赠刊物一栏中，1906年6月中旬出版的《新民丛报》第80号以后，半年时间里都是空白，直到次年初，才终于又登上了第85号的信息。由此可知半年中，报社甚至都没有向赠书对象寄刊。

《新民丛报》在原本可以出十几本的时间内只出了第81—84号四本。这四本的真实出版日期至今不详，但在出刊乱成一团后的第84号中，有文章《杂答某报》，开头声明"顷以事故，无暇为报中属文者殆两月余"。这一期的真正出版日期是1906年年底。

总之，梁启超就编刊的责任问题专门发文声明，是非常罕见的。虽然只能称之为"事故"，但从事情的性质来看的确无能为力。"两月余"起止何时尚不得知，但可以认为应是6月初到8月初之间负责代笔的两个月。从上海返回日本后，8月到10月间，梁启超曾身患疾病，知道的人或许会与这件事联系起来进行解读。代笔问题是秘密进行的，梁甚至都没有向多年的同志、一直以来共同支持《新民丛报》的蒋智由和师傅康有为他们说明实情，所以这种含糊其辞也是熟虑之后的韬晦之辞。

下一节将讨论，对这一时期的梁启超而言，《新民丛报》的主要任务是与《民报》的论战。可称作主战场的论战文章是1906年5月刊登在第79号、对《民报》第4号文章的反驳，然后就直接跳到半年后第84号的那篇文章。期间，刊登在《新民丛报》上的梁的文章，基本上都是与其代笔工作相关的，如《国家原论》等法律方面的文章。

同年秋，梁启超搬到神户，这与他已经复杂化了的政治立场有关。来日后，梁启超的生活据点基本上在横滨，活动范围是东京和横滨。孙文也是如此，对政治流亡人士而言，日本首都东京的重要性非常特殊，但此时梁却搬到了神户，直到此后中华民国诞生回国，都没有离开那里。离开原来的主要活动舞台东京而搬到神户，应该有相当的理由。

梁启超真正搬到神户是在1906年11月10日，从上海返回日本病愈后，住在神户的华侨权要人物麦少彭的怡和别庄。怡和别庄位于白沙青松，濑户内的代表性景观胜地须磨海岸。麦少彭是神户华侨中与吴锦堂齐名的富商。日俄战争中曾前后四次购买巨额军债，吴为45万日元，麦为40万日元。当时日本小学教员的基本工资是十几日元，由此可见其财力之雄厚。麦的别墅没有留下来，但吴的别墅，舞子海岸的移情阁成为重要文物，现在是孙文纪念馆。

须磨是神户市西部的一个偏僻小村,到市中心开车约 30 分钟路程。梁启超在这里居住了六年的时间,直到辛亥革命次年秋回国。当然,他并非为了隐居,也在出版《新民丛报》等,积极地进行与预备立宪相呼应的政治活动。其实,仅凭年谱就可知道,无论是梁东上还是相关人士来神户都很多,《外务省记录》中留下的更多。梁启超强忍此不便的理由,或许会被认为是为了从事一些不便为人知的事情,但笔者推测,他的目的应该是灵活利用因代笔建立起来的与载泽、端方他们之间的联系渠道。

其中,他与清朝驻神户领事、满族人长福(1904 年 9 月—1908 年 6 月在任)之间的交往对于暗地支持这一渠道发挥了重要的作用。长福离任回国后,始终都是梁最重要的联络对象。梁启超进行的朝廷工作中,最让人感兴趣的是 1908 年 11

图 12 光绪帝(上)、西太后(下)

第4章 行动

月14、15日，在光绪帝、西太后（图12）相继驾崩后，皇弟载沣就任摄政王之际从事的抵制袁世凯的活动，但是并未有任何成效即告结束。

2. 与革命派的论战

中国革命派的组织，众所周知，始于1894年孙文在夏威夷成立的兴中会。进入20世纪以后，这一倾向更加明显，把各地诞生的小团体统一为一个组织的，是1905年8月在东京创办的中国同盟会。同盟会因是革命党之故，是一个秘密的组织，为了公开进行宣传活动，于同年11月创办了《民报》作为机关刊物。1908年10月，《民报》第24号被日本政府禁止发行，后被迫停刊，但1910年又秘密出版了第25、26号。

中国同盟会以孙文（图13）为总理，以"驱除鞑虏、恢复中华、创立民国、平均地权"之"四纲"为纲领。也被称为"民族主义、民权主义、民生主义"之"三大主义"，

图13 中国同盟会时代的孙文

后来被称作"三民主义"。"民族主义"是指驱除满族、恢复中华，"民权主义"是指创建共和国。不消说，这与把立宪改革作为目标的梁启超的主义相对立。

"民生主义"是孙文式的社会主义，通过实施独特的土地国有政策"平均地权"，提前预防随中国近代化将要出现的贫富阶级对立。这也与梁启超认为的眼下中国所必需的是资本主义这一主张针锋相对。

反满革命派的机关刊物《民报》，把攻击的矛头对准了在清末舆论界占压倒性地位的君主立宪派的《新民丛报》。因为有大批留学生支持这场论战，所以争论水准非常高，把原本只是外围的东京变成了清末唇枪舌战的舞台。

掀起论战的是《民报》。创刊号上，汪兆铭、朱执信、陈天华、胡汉民等人开始开炮，主炮是汪兆铭的《民族的国民》[1]。汪列举了①血统、②语言文字、③住所、④习惯、⑤宗教、⑥精神体质六条作为"民族"的定义。把"国民"定义为，拥有法律上

---

[1] 汪兆铭：《民族的国民》，《民报》第1—2号。文章讨论革命过程中《约法》的施行等革命理论的核心部分，把孙文的观点细致地文章化了。《民报》参照的是科学出版社1957年影印本。另外，中华民国资料丛书《民报》影印本中收录了第27号，其内容是第24号的摘录，出版日期与第24号相同。这是至今尚无人能解的谜案，特记录在此。

之人格的国家的一分子,从"个人"层面而言"独立、自由",在"国家"之关系上,是"一部对于全部,而有权利与义务"。这虽然说的是"立宪国"的国民,但对于把革命当作目标的他们而言,已经足够了。立足于历史形成的民族,通过革命塑造出的近代国家之国民,是"民族的国民",这虽然与康梁所言之清王朝统治下的"立宪国民"基本相同,但在所有方面又有不同。

梁启超在《新民丛报》第73号以后连载的文章是署名"饮冰"的《开明专制论》,用来替代《新民说》。再重复一遍,第73号以后,梁的文章,再也没有使用过"中国之新民"这一署名。也就是说,署名"饮冰"的文章,其目的不同于铸造新民。

此处令人感兴趣的是,梁启超在《开明专制论》开头的声明:"本篇因陈烈士天华遗书有'欲救中国必用开明专制'之语,故畅发其理由。"虽然不是"遗书",但陈的确使用过"开明专制"一词。不过,陈是将之作为推动革命之手段,或其一个过程用的,而梁的开明专制,如字面意思,是由开明君主实施专制政治。在人民智识程度尚未达到实行立宪政治的中国,在进入君主立宪制之前,有必要将其作为过渡阶段的政体。也就是说,陈、梁之间,虽然用的都是"开明专制"这个词,但方向与内容是一百八十度的不同。

梁启超的这一新政见,一方面是自派政治目标,另一方面也是对革命派共和政体构想的批判。关于后者，第8章以"中国今日万不能行共和立宪制""中国今日尚未能行君主立宪制"，阐述了以下几点。

"革命决非能得共和而反以得专制""与其共和，不如君主立宪，与其君主立宪，又不如开明专制"。革命党为了轻易走向共和之路，在革命伊始制定《约法》，规定了权利和义务，但军政府恩惠式给予的权利并不牢靠。民生主义主张劫富济贫，但这并不现实。孙文为了通过革命屠杀创造出无主地，而主张大规模流血。没有议会政治能力的中国人，没有共和国国民的资格。招致专制的"种族革命"与把专制改为立宪的"政治革命"无法两立。政治革命不靠暴动，靠要求来实现。

梁启超这里提出的几个论点乃基于开明专制立场批评革命派。此后的讨论也围绕这些展开。《约法》是孙文为保证革命顺利进行而构想的革命初期军政时期的临时宪法，在上述汪兆铭的《民族的国民》一文中也曾被大力阐释。"种族革命"是上述民族主义的别称，在革命派的用法中，是一定与民权主义配套使用的术语。所以与梁启超他们非反满主义而改为立宪制的"政治革命"成为对立的词。

《申论种族革命与政治革命之得失》（《新民丛报》第76号）

是在《开明专制论》连载途中插入进来的,目的是加强其论点。关于"种族革命"绝不可能实现"政治革命"的目的这一条,详细论述了以下两个论点。第一,批判卢梭的"国民总意"说。通过革命建立起来的共和政府须依照国民之总意,而总意不可能,就变成了征求大部分国民之同意,结果只能变成大部分人的蛮横。即便如孔子那样的圣人,也无法真正践行此道。第二,批判孟德斯鸠的"三权分立"说。分立三权,结果只是让权力掌握在了手握最高主权的大部分国民手中。称美国是共和的最好例子,但美国人民拥有数百年的"自治习惯",而我中国没有,所以不能效仿。

革命派奉为共和革命论之圣典的卢梭与孟德斯鸠之学说,中国无法照此实行。梁启超通过这一否定来主张其自身学说的正确性,论证中采用的是逻辑学中的三段论法,文章魄力十足。梁把这篇文章与《开明专制论》中的一部分组合后,编著了宣传册《中国存亡一大问题》,首先印制分发了10000本。

在梁启超而言,或许即打算告一段落了。但革命派却更加激愤,1906年4月出了一份传单《〈民报〉与〈新民丛报〉辩驳之纲要》(《民报》第3号"号外")进行反驳,对两者的主张进行了简单的整理。其中关于民族主义、民权主义的内容如下。

《民报》以共和为主义，以政府恶劣，故主张通过国民革命树立共和制，认为"政治革命"必须靠实力。而《新民丛报》以专制为主义，以国民恶劣，故望政府开明专制，认为"政治革命"只需要求。

这里需要注意的是，两者都把他们自己面对的课题称为"政治革命"。但是，仔细读下来发现，《民报》的政治革命，是与种族革命配套的，是推翻王朝统治之根基，建立共和国，改变国体的改革。而《新民丛报》的政治革命，是期待王朝政府采用开明专制的政体的改革。也就是说，用词虽然相同，但含义完全不同。所以，下文为了避免混乱，在讨论革命派主张时尽量使用"种族革命"一词，"政治革命"一词用于立宪派。

关于民生主义的内容如下。《民报》鉴于世界前途，为解决社会问题而提倡社会主义，《新民丛报》认为社会主义是煽动乞丐流氓之工具。

最后革命派宣称，假使如《新民丛报》所云，中国则立亡，所以本报自第 4 号以下，将分类辩驳。其实《民报》第 4 号就刊登了汪兆铭的《驳新民丛报最近之非革命论》。要点是，没有革命就不会有立宪，《约法》从"国民心理"来说是可以实行的。

梁启超以《答某报第四号对於新民丛报之驳论》(《新民丛报》

第 79 号）作为回应。这大概是在 1906 年 5 月，即梁启超代笔前不久的事。梁的论点涉及面极广，文章、逻辑也极其慎重。或许也是因自信于其优越性，文末还附上了《民报》汪论文之全文，让读者自行判断，表现得极为从容。

汪兆铭称《约法》从"国民心理"而言是可行的，对此，梁启超起初没有找到反驳的方法。前文已述，《约法》是军事独裁时期的临时约法，汪认为，梁的错误在于把约法制定者的人格当成问题而进行否定，由此提出了"国民心理"云云之论点。梁启超仔细重读了汪的论文，注意到汪之立论是从"国民心理"的观点认为应实行约法的，其依据在于共和革命成功，变成自由平等的世界以后，"心理之感乎，速于置邮而传命也"这一认识，即国民心理将通过革命而为之一新的乐观认识。他批评称这一认识反映了论者（汪）虽然日日喊共和，但完全不理解共和为何物。因为，"共和之真精神"在"自治秩序而富于公益心"，"国民心理"如是，共和制才能成，议会政治也才能得以运营。他称赞美国如是，无共和之名而有其实的英国也如是。

这是非常尖锐的意见。向"自治秩序"与"公益心"寻求"共和之真精神"，对于认真追求新民之铸造的梁启超而言，的确有可能从这个层面作这种批评。论战深入到了把革命进行方案与国民之"心理"联系起来论述的地步。但是围绕这一问题的论战，并没有继续发展下去。虽然双方都有责任，但主要是因为革命派完全不在这一层面接受讨论，而只考虑只要建立了自由平等的政治体制就能解决一切问题，次要原因是梁启超全身心地投入到了前文提到的"代笔"一事中。

期间，《民报》的文章全是立足于三民主义批评《新民丛报》的。在梁启超看来，革命派通过"实力"的"种族革命"对于自己通过"要求"进行的"政治革命"而言，只不过是障碍。所谓"实力"，是指武装起义，而梁启超把清朝应"要求"接受立宪改革称作政治革命。虽然他只是一名幕后人物，但由于身负预备立宪的核心重任，其自负也是理所当然。

梁启超的批评文章在《新民丛报》第79号登出之后，《民报》接连刊登了几篇针对此文的驳论。1906年下半年，在各种意义上都是革命派言论占据优势的时期。12月2日，在东京神田区锦辉馆召开的《民报》创刊一周年纪念会，5000人济济一堂，从视觉上诠释了这一光景。同年年底，在致康有为函中，梁启超称"革党现在东京占极大之势力，万余学生从之者过半。前此（9月1日）预备立宪诏下，其机稍息。及改革官制有名无实，其势益张，近且举国若狂矣……今者我党与政府死战，犹是第二义；与革党死战,乃是第一义"(《年谱》4,第373页)。

这种情况下,梁启超的文章有《杂答某报》(《新民丛报》第84—86号),是搬到神户安定下来之后,于1906年底到次年1月之间写的。

虽然是对各种批评之统一"杂答",但内容分成了以下五节。①满族入关后,中国已亡了吗?②今日之政府为满洲之政府还是中国之政府?③政治革命论与种族革命论,哪个能唤起国民之责任心,哪个让国民丧失责任心?④不可确立立宪政体的原因在于满汉利益之相悖吗?⑤社会革命是今日中国所必需的吗?前四节讨论的是种族革命,最后讨论的是社会革命。

梁启超对种族革命持批判态度,他的逻辑是满族也在中国人范围之内。这篇文章可以说倾其所学,乃滔滔不绝之悬河之辩。关于社会革命的讨论,虽然尚属将来之课题,但也竭尽其力。焦点是作为社会革命的实行方法而提出的"土地国有"。梁启超不认为土地国有是社会革命行之有效的方法,而且他本来就主张中国不应实行社会革命。今日中国所必需的是资本家的奖励,劳动者保护还在次要,所以最紧急之研究课题是生产问题,而不是分配问题。最后,他以"今日欲救中国,惟有昌国家主义"作结。

针对梁启超的这一议论,汪兆铭、胡汉民皆进行反驳,后梁迎击，然后朱执信再反驳。其他比较重要的主题还有，革命将引发列强干涉，从而使瓜分成为现实。当然，《新民丛报》以此为由反对革命，《民报》则拼命反驳。就在论战白热化之际，自负集中国学术传统于一身的硕学章炳麟，加入到《民报》阵营，为这一讨论锦上添花，着实令人深思。

论战吸收了当时日本学界的经济学、财政学、政治学等最新学说，所以在提高中国留学生的知识水平方面产生了极大的效果。与《新民丛报》权威相对抗的《民报》，其出现让言论界一举活跃起来，新刊了许多的杂志，都主张改革。时代的确跳动起来了。

3. 国会的早期开设运动

1906年9月1日，在颁布上谕预备立宪后，清末的政治史迈进了新的阶段。在清朝，本应改为君主立宪，但却引发了武昌起义，1912年2月12日，末代皇帝宣统退位，清朝灭亡。此前5年多的时间里，以1908年11月西太后去世为界，分为前后两个阶段。

原本在皇帝独裁的政治体制下，是严禁臣下结"党"的。然而，颁布预备立宪上谕后，政治情况一下变得灵活起来，这是因为高举"主义"口号的稳健的政党可以活动造成的。1906年10

月，康有为决定在次年正月之后把以美国为活动中心的保皇会改组为帝国宪政会，并开展相应的活动。梁启超身在日本，于1907年10月在东京组织了政闻社。最初，他是想把留学生的立宪派势力，尤其是杨度一派收入伞下，所以费了不少时间准备。但是，这项工作并没有成功，于是他连同以往的同志徐佛苏、蒋智由、麦孟华、张君劢等，集合了300多位支持者创办了一个党派。

政闻社的机关刊物是月刊《政论》。梁启超在其撰写的《宣言书》[1]中称，政闻社为我等同人为尽"国民之一分子"之责任而生，列有以下四纲：

① 实行国会制度建设责任政府；
② 厘订法律巩固司法权之独立；
③ 确立地方自治正中央地方之权限；
④ 慎重外交保持对等权利。

1907年10月17日在东京举行的政闻社创立大会上，大隈重

---

[1] 宪民（梁启超）：《政闻社宣言书》，《政论》创刊号，1907年10月。因该社本部搬到上海，第3号于1908年4月出版。7月第5号出版后，政闻社被禁止活动，《政论》也停止了出版。

信、板垣退助、犬养毅等人出席并致祝词，由此可见梁启超与日本的民党派之间关系良好。大隈发表长篇演讲，称今日之清朝，最紧急、必要的是政党，政党组织的三大纲领是贵统一、重正义、尊自由。

成立大会本来是好事，但却发生了因中国同盟会会员张继、陶成章等打砸而使会场一片混乱的事。截至次年8月政闻社被禁，《政论》只出版了5册。梁启超以"宪民"之笔名写了几篇文章，但数量不多，大概是忙于组织活动去了。

令梁启超头疼的是让谁作领导。周围人虽然都拥护梁，但他慎重拒绝了。大概他担心的是"代笔"丑闻曝光后将遭受的打击。最后，就任相当于社长的"总务员"职务的是曾在神户担任领事的教育界要人马良。

梁启超在《政论》中的文章，比较惹人关注的是《世界大势及中国前途》（创刊号）。从"国家者，人类最高之社会也"这一根本思想出发，图文并茂，详细说明了弱国中国须在国家间最激烈的"生存竞争"中胜出。意思是，要充分了解想要通过立宪改革而重生的中国所处之国际关系。

政闻社的核心活动是速开国会，往国内各地派去了许多人。同时，也在大力做上层工作，谨慎地对1907年底访日的资政院总

第 4 章 行动

裁溥伦进行活动。梁启超写下《上资政院总裁论资政院权限说贴》（《政论》第 3 号），由马良、徐佛苏、长福等人代表政闻社全体人呈给了溥伦。该说贴并没有直接要求开国会，而试图通过修改资政院权限和组织作为当下之策，达到实质开国会之效果。资政院作为预备立宪的措施之一，创办于 1907 年 9 月，溥伦被任命为总裁。

1907 年底，政闻社为了推动在国内的运动，把本部转移到上海。次年 3 月 3 日，政闻社邀请团体代表和名士参加纪念大会，马良阐述政党对预备立宪的必要性，称将之"要求"到底是自身组织的根本方针。也就是说，这是一场以备受《民报》批评的梁启超的"政治革命"为目的的行动。

《政论》第 5 号上，梁启超如做好准备一般，发表《中国国会制度私议》，开始撰写培养符合立宪国国民常识的大论文。但是，途中政闻社活动遭到清朝政府禁止。故梁等人的文字活动受挫，被迫暂时转入地下。下文将述其不顾恶劣条件，不屈不挠重新活动的事。

清朝内部首先开始活动的是江苏省的立宪派人士。张謇与郑孝胥等人 1906 年 12 月在上海创办的"预备立宪公会"即为此类。其他各省的活动也很活跃。接着在次年，湖南省组织起宪政公会、湖北省组织起宪政筹备会、广东省组织起自治会。

政闻社为巩固在国内的地位，把本部转移到上海。为了向武汉扩张势力，曾致力于创办《大江日报》，但受制于经费而没能实现。

另一方面"国会早开请愿署名"运动也扎实推进巩固基础。张君劢1908年3月底把人数从原本不足10000扩大到20000，锐意使活动在外面看来非常体面。他又提议组织"民法习惯调查会"，与官办的地方自治局合作，调查各地各种不同之习惯风俗，以巩固立宪政治之基础（《年谱》3，第463页）。虽然未能实行，但根据实际社会状况，探索改革之道的想法非常好。

另外一件梁启超大力进行的事情是，在朝廷内部建立渠道。由于"代笔"建立起来的关系，法部尚书戴鸿慈曾来问当前政府机关之间的权限问题，进而他又通过肃亲王善耆抵制袁世凯。因为盟友徐佛苏也说，若一直追求"接近政权之方途"，自然会生出"实力"，所以这无疑被看作是实现"要求"的重要手段了。

但是，对袁世凯来说，戊戌之后，维新派是尤其危险之存在，所以没有丝毫怠慢。他奏称政闻社企图谋反，以禁止活动令作为报复。这样一来，梁启超在立宪运动前半期的实践没过多久就结束了。

第 4 章 行动

政闻社被封禁后，梁启超失去了生活的凭借。这一时期，他极为困顿，因无法负担长女思顺的学费，遂让其从女学校退学。即便如此，他依然不减对政治的关心，向其弟吐露了"只要自己不回国参政，中国前途无望"之自信。

不久后的 8 月 27 日，就像是对镇压梁启超一派的回应，清政府在颁布诏书九年后颁布宪法、开国会。接着 11 月，皇帝、太后相继驾崩，政治环境发生了根本的变化。每个人都感受到一个时代结束了。1909 年 1 月初，袁被免职，被罚开缺回籍。新皇帝的父亲摄政王载沣作为光绪帝的弟弟执行了这一处分。

不久，咨议局在各省开会。议员的数量，直隶省（现在的河北省）以 140 名排首位，吉林、黑龙江省各 30 名，定员数量的差距很大。1907 年 10 月的上谕决定设置咨议局，通过选举选出议员，于 1909 年 10 月开会。在对选举权限制极为严格的直选中，拥有选举权的人只有极少一部分，占人口的小数点以下，但是拥有自己的代表这一事件本身具有重大的意义。1909 年 12 月，各省咨议局代表在上海组织"请愿速开国会同志会"，成为立宪运动的绝好基础。次年 1 月，代表们赶赴北京，为早开国会进行了第一次请愿，但被轻易忽视过去。

为创造舆论，梁启超遂于 1910 年 2 月在上海创办旬刊《国

图14 《国风报》创刊号表纸

风报》（图14），截至次年7月第2卷第17号，共出版了52本。该报以"忠告政府，指导国民，灌输世界之常识，造成建全之舆论"为宗旨，以相当严厉之论调，竭尽全力推动立宪运动。

在上海出版，说明立宪运动的主要舞台在国内，但主编兼主要执笔者梁启超从未离开过须磨。在论说、时评、著译、调查四栏中，署名为"沧江"的梁的文章有114篇，其笔锋之健依然令人震惊。不过也难掩其无法马上适应事态发展的焦躁。

在《国风报》的栏目中，卷首安排的是"谕旨（皇帝命令）"，外观与《清议报》不同，目的是配合政府的立宪制改革。在《叙例》中称，立宪政治指的是"舆论政治"，健全的舆论须具备常识、诚实、正直、公正、节制五点，上为大臣、官员，下为拥有参政权的国民，相互帮助建立立宪政体，因拜托天子使者选择，定名"国风"。此名仿效《诗经·国风》篇，体现了与朝廷君主立宪相呼应的态度。

第 4 章　行动

《国风报》文章中，比较有趣的是《中国国会制度私议》(《国风报》第8—21号)，此文写于政闻社时代，最初部分刊登于《政论》第5号，因停刊而中断，两年后经大幅增订，从头开始连载于《国风报》。

文章开头的概要如下。"专制政体与立宪政体之区别，其唯一之表识，则国会之有无是已"。九年之后召集国会是先帝所定，若以日本为模范，宣统八年（1916）同时成立宪法与国会，则今日国民之唯一义务乃研究国会。政治是"人类之产物"，一国之政治为一国国民之产物，所以须同时具备人类之普通性与一国之特殊性。倡导国会论时须注意如何吸收与他国共同之要素，如何发挥我国固有之特色。

正文由第一章"国会之性质"、第二章"国会之组织"、第三章"国会之职权"构成，篇幅极长。此文试图对国会制度的全部内容作一解说，以选举为例，从选举权、被选举权、选举方法、选举区的说明，一直涉及当选的计算方法。也就是说，这是一篇试图向国民解释立宪政治制度知识的文章，可以说只有梁启超才能写得如此周全。

当然，他也根据两年间的变化作了修订，由于这是从《政论》到《国风报》写下来的文章，所以可见在这两个时期，梁启超都非常注意培养国会制度常识的重要性。

若要看国会早期开设运动,《国会期限问题敬告国人》(《国风报》第 18 号)一文中曾有如下论述。之所以汲汲请速开国会,皆为避免"亡国"之命运,但政府却以人民程度"低"而拒绝。但是我国人民之程度,即便较西方国民低,与我国"官吏"比起来却不低。在立宪国家中,官吏的能力须比"议员"还要高。如此,哪里会有能成为官吏却不能成为"国会议员"之理呢?梁的这一论断虽然有牵强附会之嫌,但对开展运动确是有效之煽动。

这一论点,与四年前他批评革命党,称人民程度不足所以不能实行共和制几乎完全相反,但从其开始为确立立宪制度而实践来看,须将国民程度与之相对应。

1910 年 6 月进行的第二次请愿也没有任何成效。请愿速开国会同志会,加入了各省商会(商业会议所)、教育会、华侨以及"绅民旗籍"的代表,势力大增,改组为"北京国会请愿同志会"。"旗籍"指的是拥有八旗户籍的人,所以包含满族。

第二次请愿失败后,请愿同志会得到各省的财政支持,于 1910 年 8 月在北京创办了日报《国民公报》。负责编辑的徐佛苏夸赞该报为"立宪运动之大本营",的确也带有这一意味。次年 6 月,咨议局联合会改组为以"民权之发展与宪政之完成为目的"

第 4 章 行动

的政党宪友会时,徐佛苏被选为常任干事,由此可见其在大本营中的巨大作用。

1910 年年末,梁启超为激活救国运动,以为向国民普及常识最重要而组织起"国民常识学会",反映了其对活字媒体宣传之外的关注,但效果如何不详。

1910 年 10 月,资政院开会。敕选议员、民选议员各 100 人,后者由各省咨议局选拔,意味着全国立宪运动的中心已经形成。机构功能虽然限于咨询性,但也相应代表了民意。即便水平有限,但在专制王朝的首都出现了民意代表机构,这一事件本身的意义依然非常重大。以早开国会为目标的第三次请愿,获得了各省的支持。经资政院上奏,1910 年 11 月 4 日终于下达诏书,将国会开会时间提前至宣统五年(1913)。

对第三次请愿的评价分成了两个极端。"大本营"参谋徐佛苏认为,这是历史上"以平民姓名呈请君主颁行大法之创举",亦即"清廷发布明谕承认平民干涉朝政之创举"(《年谱》5,第 513 页)。但是,在须磨以旁观者立场自居的梁启超,在读完上谕后严厉批评称,仅提前一点是不行的,除"国会"与"责任内阁"之外没有其他办法可救(《国风报》第 28 号)。这一意见洞察历史发展之潮流,有其尖锐之处。

梁启超以徐佛苏为媒介，与国内立宪运动的中枢相联系，徐的活跃，提高了梁的地位。梁更加用力写文章，热心阐述国民须尽早进行"政治革命"之理由。其时常称清朝并没有"宣统五年"这一天，其实就是掺杂了应立即认真着手改革的怒气在内的一种忠告。

1911年5月8日，清朝终于废除了军机处，组织起以庆亲王奕劻为总理大臣的内阁。虽然组织方称为"责任内阁"，但在旁人看来不过是"皇族内阁"而已，所以，在咨议局联合会的"宣言书"中已挑明"名为内阁，实为军机；名为立宪，实为专制"。在别的通告书中也痛骂皇族内阁乃"皇族政府"，殆无"立宪"。此后《国风报》在第2卷第17号后便不再出版，反映了国内的立宪运动与清朝政府之间已经出现了决定性的裂痕。

就在这时，1911年10月10日武昌起义爆发，50天左右时间，华中、华南各省便宣布从北京朝廷"独立"。这便是辛亥革命。革命派通过"实力"进行"种族革命"成为现实，也即意味着梁启超倡导的通过"要求"进行所谓"政治革命"的路线破产。讽刺的是，与"国会早开"互为表里的重要课题"解除党禁"虽然一直都在追求却没有任何成效，而恐惧起义军势力的清廷，于10月30日赦免了戊戌以来的政治犯。这亦与政治之乱皆天子之责而向天下谢罪的"罪己诏"是同时发布的。

直面这一现实的梁启超,反应极为迅速。他制作了宣传册《新中国建设问题》,于12月初传播。《大阪每日新闻》自12月15日开始翻译发表,可见对梁见解的关注度之高。

此宣传册的内容如下。见十年来之中国,可知非大乱后不能大治。"武汉事起"乃"时势之要求","冥契乎全国民心理之所同然"。今后课题乃"新中国建设之大业"。我"尝积十年之挚索,加以一月来苦思极虑",就当前之大问题发表尚不完整之意见。以此作为开场白,讨论了两个主题。

其一为"单一国体与联邦国体之问题"。梁对这一问题的看法很清楚,称如今应取"强固统一之中央政府"。该问题是当时讨论革命后的政治体制时的重要主题,曾被多人提出,虽然意见不同,但也没到剑拔弩张相互对立之地步。其二为"虚君共和政体与民主共和政体之问题",正是梁启超与革命派拼死力争的问题。如今中国虽然"多数舆论"要采用共和政体,但共和政体也有很多种,梁从中列举了6种。其中列举的两种,简单而言,民主共和政体是没有君主的大统领制,虚君共和政体是英国那种,君主虽君临却不统治的政体。若考虑虚君共和,孔子之子孙也将成为对象,但在规格上,远不及现在的皇室。既然无法拥戴现在之皇室，则我国无望实行虚君共和制。我新中国建设之良法，几已穷途末路。

指出问题之所在，却不给出答案，大概即便是梁启超也看不出革命之趋势吧。但是，面对事态之急速发展，他的确也显示了新的立场，而非固执于自己此前一直倡导的立宪君主制。非但没有落后于时代之潮流，反而成功应对，的确了不起。

武昌起义后约四个月，1912年元旦，孙文任临时大总统，中华民国临时政府在南京成立，2月12日宣统帝退位，清朝灭亡。

3月11日，临时宪法《中华民国临时约法》颁布。4月1日，决定解除孙文的职务，拥袁世凯为第二任临时大总统，实现了南北统一。写起来简单，但这一系列过程是中国历史上前所未有的大转变。

面对这一令人目眩的政局变化，身在神户旁观的梁启超，于4月份写成更进一步的文章《中国立国大方针商榷书》，印制20000份。该文后来收进了梁启超回国后创办的《庸言》[1]中，所以也是一篇将情势不稳定之革命初期与稍稍安定下来一年后联系起来的

---

[1] 《庸言》是梁启超得到徐佛苏、麦孟华、严复等人的帮助后，1912年12月在天津创办的半月刊（后改为月刊）。《中国立国大方针商榷书》刊登在第1—4号。

文章。革命爆发初期，梁曾要求回国未果，但一年后便也可以回国且在北京开展活动了。

"商榷"是指讨论、检讨。检讨的是共和国（中华民国）的统治方式，梁启超设想的是德国国家学式的体制，该体制中行政府为上层。这一探讨是梁启超自《清议报》以来，在洞察其一直追求的国家主义在现实政治场所中实施可能性的基础之上形成的，是一篇非常有力度的文章。

该文是一个转折点，为梁启超10多年的流亡生涯画上句点，之后他转而在祖国开展活动，所以稍作仔细分析。文章共四部分内容。第一是"世界的国家"之建设。现在的世界是国家本位时代，唯大国方能生存之时代，和平第一的时代，在经济界繁荣者占优势的"产业社会"之时代。必须摒弃妨碍国家成立的个人主义、无秩序的自由、无根据的平等。势力均衡也是以和平为前提。须创造完整之国家，立于和平之世界。

第二是采用"保育政策"。虽然19世纪上半期是放任论之时代，下半期是"保育主义"之时代，但现在中国须实行保护政策。国家保护的界限根据"国民发达程度"而定，但今日我国远比日本维新时代落后。即便按照欧美经验，为强压强者，使个人能力平等发挥，需要立于上层之力量进行立法。在现在的竞争时代，从关税到高等教育皆需保护。不同于欧美，中国"放任之结果而得革命"，而得共和。所以需要更多的"保护"。种族革命虽然已"完全贯彻"，但"政治革命"前途辽远（该"政治革命"乃脱离了党派意味之抽象的用法）。此次革命，在深层上是"思想革命"。保护政策需要"良政府"，政体发生大的变化时，良政府可期。

第三是树立"强力政府"。保护政策需要强力的中央、强力的政府。世界上最大的共和国美国无论是理论上还是事实上都无法成为参考。"共和名国"法国的自治制度是"村"（Commune）、"郡""州"三级制，村长为民选，以上由民政部部长选定，大总统任命。共和精神得到保护，行政的安定超过美国。我党绝对反对"民选都督"（都督为省长）制度。我党主张"唯一最高政府之集权"与"下级自治团体（不包括省）"。

第四是采用"政党内阁"。政党内阁（议院内阁、两大政党制、下院多数党、解散与辞职）的模范是英国。为确立政党内阁制，需要政治信条的确立、政党观念的正确、国民程度的发展。

我国是否适合共和尚不得知，但中国建设事业的成功与否关系到政党是否能够健全发展。

简言之，这是一份梁启超对辛亥革命的必要性与合理性表示肯定、公开表明拥护共和的意见书。议论的立脚点在于，他认为能够实行君主立宪的国民自然能够实行共和,这一点让人深思。其所论皆为新生的共和国政治不可放松之重要事情。

写这篇文章时,梁虽然还在日本,但通过这一政见的大量传播,其在清朝覆灭后,在各种追求新的政治体制方案纷飞的政治舞台中占据了一席之地。至少,对政闻社之后梁启超一派的立宪派而言,这篇文章成为他们在新时代的政纲。

不久后回国的梁启超,开始在祖国的政治舞台中大展宏图。

终 章

武昌起义,中华民国湖北军政府旗帜是起义军曾使用的
"十八星旗"

1911年10月，武昌起义爆发，清朝崩溃，亚洲第一个共和国中华民国成立。通过"实力"的"种族革命"实现了。梁启超虽然在武昌起义爆发一年后回国，但在这期间，梁通过发表对革命进行过程中政治状况的洞察之见，密切关注，以不至落后于时代潮流。他的心血没有白费，其在北京受到的欢迎超过了孙文。其时，梁表明的立场是，政体应该改革，但国体需要维持。也就是说，支持革命后的民国。这样一来奠定了梁在近代东亚文明圈形成中功臣之历史地位。

梁启超公然踏上北京的土地，是在武昌起义一年多以后的1912年10月20日。当然，他在看到武昌起义以及后续事态发展的重大性之后，也曾试图马上回国。在筹措出旅费后，他离开须磨的寓所，于1911年11月6日离开神户，首先在11日来到奉天，窥探北京的情况。11月1日，慌了手脚的清王朝取消皇族内阁，由先前被罢免的袁世凯组阁。武汉前线的战斗还在继续，围绕北京的政府，其情况也极具波澜，最后他没有前往北京，无奈折返神户。

回到神户的梁启超住在三宫附近麦少彭的宅邸中，摸索新的对策。他于12月上旬发表《新中国建设问题》，公开自己的政治见解，以此向内外表明其与时俱进的态度。从年底到次年春，他依然在伺机回国。但是，正如"南北议和"之变迁所见，时局的发展过于复杂，所以并没能成行。如前所述，1912年2月，宣统帝退位，清朝灭亡，梁启超于4月发表《中国立国大方针商榷书》，以此应对新局面。这篇文章通过对辛亥革命必然性与合理性的肯定，公开表态拥护共和制，以能实行君主立宪的国民自然也是可以实行共和的国民之逻辑，达到令自己以往之主张适应于当前政治状况的目的。

但那只是政见层面的纸上"参加"，其回国之心日渐强烈。不过既然带来这场大变革的是革命派，就必须顾忌其回国的潜在危险。在听取各地同志的意见后，他最终于一年后的10月回国。

正因为做了如此谨慎的准备，所以北京各界对梁启超的欢迎之情更切，远超12个月前孙文他们。从10月20日到31日之间，梁启超在政党、商会、学界、同乡会等处召开了十多次演讲会。此处先来看其在22日举行的报界欢迎会上的《鄙人对于言论界之过去及将来》[1]。因为梁启超虽然在各方面都表现出超人的活跃，但其本人自认首先是一名新闻工作者。更为重要的是，这篇演讲成为他一个多月后创办的自己一派新的机关刊物《庸言》之发刊词，成为自己在政治、思想立场上的宣言书。

该演讲有两个要点。第一，提出标签，称中华民国的创办乃超过"赤血革命"的"黑血革命"之功绩。黑为墨，即文章，也是一种赌上性命的战斗。梁启超在这方面的功绩敌我双方都必须承认。

第二，解释自己的思想适合共和国。国体应该维持，政体应该改革，是自己的主义。所以在皇帝统治的君主国体之下，自己虽然立志于君主立宪，但在国民主权的共和国体之下，亦信奉民主立宪制。这也是考虑到共和政体"神圣高尚"，所以自己也不应该不拥护。这不仅对自觉的君主立宪派人士，对没有自觉的普通国民而言也是值得铭记于心的逻辑。可以说，梁启超就这样坚实地确定了他在民国中的立脚点。

如此一来，引起国体变更的人和事就必须成为问题。从武昌

---

[1] 收录在文集第29卷《初归国演说辞》中。作为《庸言》创刊号的"代发刊词"时的题目是"莅报界欢迎会演说辞"。下文的《莅国民党欢迎会演说辞》收录在《〈饮冰室合集〉集外文》，第573—576页。

起义后政局的发展来说，主要功绩属于梁启超的政敌革命派，这一点大家有目共睹。中国同盟会变身为公开的政党国民党，在政界的地位相当可观。国民党也在梁的盛名之下召开了欢迎会。

国民党代表致欢迎词，高度评价其历史作用，称"我国十余年来改革之动机，发自梁任公先生，无论何人，无不承认。即世界万国，无一不承认者也"。对此，梁答称，虽然为国尽瘁，但所做之事不过"空言"而已，"民国之成，乃国民从种种方面冒种种之困苦，以有今日。其中出代价最多者，无如今之国民党"。

但是，就目前留下来的记录来看，梁启超的演说倾其所学讨论的是民国中政党的作用，而对于一直倡导"种族革命"的核心人物孙文、黄兴，以及章炳麟却丝毫没有提及。这不免让人联想梁启超对于改变国体的发动者带有不相称的感情。

总之，梁启超受到了几乎所有阶级与团体的热烈欢迎。出现这种情况，是因为中华民国建国时，大部分知识分子都可以说是梁的"学生"。以《新民丛报》为代表的书籍的读者，是最直接的学生，而与之相对进行争论的革命派知识分子在辩证法上也属于被培养出来的学生。清末留学日本的学生，其队伍不仅远超进士、举人等旧体制下的高级知识分子，留学生的背后还有很多的青年学生，皆无须再赘言。再加上预备立宪时期，开国会运动发生后，出现了通过行动的知识传播，他们也是梁的间接学生。如此，即便程度各有不同，但欢迎人群的头脑中都接受了他试图宣传的来自日本的关于西方近代文明的知识和概念。

近代东亚文明圈的形成史，始于19世纪中叶清朝开国。热衷于文明开化的日本，在幕末明治维新时期通过大量的翻译，力求引进西方文明。其时的译词、翻译概念，基本全部使用的是中华文明的储备，即汉语。所以，清朝反过来将这些词语引进回来，在某种意义上是妥当的。在这个任务中，梁启超发挥了最为重要的作用。东邻明治日本创造的文明史的成就，在中华发源地被接受以后，近代东亚文明圈由此坚定了其基础。这也是把梁称作近代东亚文明圈形成功臣之原因。本书虽然并未涉及梁带给日本的影响，但希望把他带来了以近代汉语为基础的近代东亚文明圈的普遍传播，作为其"影响"。

若以东亚为问题，便不能抛开朝鲜。本书只在讨论伯伦知理的翻译时有所涉及，不过据郑百秀[1]研究，"近代初期流入韩语中的翻译造词（近代汉语）为4000个至6000个。这让朝鲜半岛的人们认识到地壳变动，与物质的、制度的文化要素相比更为根本

---

[1] 鄭百秀『コロニアリズムの超克』，8頁。

和本质"。在思考韩国、朝鲜问题时,梁启超的影响更加广泛,所以他作为近代东亚文明圈形成的功臣,作用更大。

有一段函夏考文苑的插曲,可以看作梁启超影响力的象征。

此前作为政闻社总务员出现的马良,拥有神学博士学位,清末时不仅创办了复旦大学的前身,还是民国初期曾代理过北京大学校长的学术界大佬。马良模仿法兰西文学院,设想的符合新共和国的最高学术机构就是函夏考文苑。而坐镇这一中国学术中心的是他与严复、章炳麟、梁启超。作为新生民国的学术方向,其设想真的是非常出色的计划。

与介绍西方学术的最大功臣严复,以及确立了国学大师令名的章炳麟比肩,梁启超的功绩是接受来自日本的西方近代文明。遗憾的是,这份计划并未见天日,但却最直接体现了梁启超在中国史上的文明史地位。其业绩开创了新时代,其伟大无以比拟,但其地位却极不稳定。

回国后的1910年代,梁启超主要作为政治家活动。其立场基本上是支持掌权的北洋派与国民党对抗。举例而言,代笔那份宪政视察报告时的秘使熊希龄组阁时,他坐上了司法总长的位置,与孙文等人对立,逼迫国民党解散。而1915年大总统袁世凯复辟帝制即位皇帝时,他与弟子蔡锷一起下定决心开展反袁武装斗争，挫败了其野心。在1917年其师康有为也参加的复辟运动中，他加入反对阵营拯救民国于危机之中。这些都是按照他回国时声称的对共和国体之思想立场进行的行动。

20世纪20年代，他远离政治世界，作为文化界名人著书演讲，更走上讲坛奋斗不息。但是其立场，正如其1921年进行的自我批评所言，认为"国家主义"是"偏狭"之思想。这是经历了第一次世界大战之后的扬弃，所以在从事这些新活动的时候需要另外的视角。

公认的亲日派梁启超，在经历"二十一条"交涉等过程中，逐渐加深了对日本野心的认识。可以说其从亲日到反日的轨迹，与日本的大陆政策相互对应。

附录
梁启超《戊戌政变记》成书考

梁启超所著的《戊戌政变记》是有关戊戌变法的最重要史料之一。由于作者直接参与了维新变法运动,在政变后亡命日本,打起了保皇的旗号而致力于改革运动,而且书中有许多其它资料上见不到的记述,理所当然地会受到高度评价。

众所周知,《戊戌政变记》最先登载于《清议报》的第1—10册,在《清议报》尚未刊载完毕,就以此为基础,加进其他文章,经若干修改后编成九卷本的《戊戌政变记》[1](下称"九卷本")出版。后来,删去了其中的第五卷,对其它八卷也作了修改,刊

---

[1] 《戊戌政变记》,线装3册,发行所、刊年不记,京都大学东洋史研究室藏,估计是1899—1903年间的《新民丛报》社版本。又洋装1册,文海出版社影印本,编排方式虽然与前者相同,但明显不是同一版本。

行了新版的《戊戌政变记》[1]（下称"八卷本"）。由于中国史学会主编的《中国近代史资料丛刊·戊戌变法》利用了这一版本，故以前一提到《戊戌政变记》，首先想到的就是八卷本。

杂志上刊载的与单行本有许多不同之处，考虑到这是常有的现象，并没有视作问题。但是对存在着卷数不同的两种版本的情况，却长期没能予以充分的理解。

九卷本和八卷本的不同，以及《清议报》所刊载的文章与九卷本的关系，早就有刘凤翰先生的详细研究[2]，而且他在《梁启超〈戊戌政变记〉考异》一文中，对我至今未能目睹的"第十六次版《戊戌政变记》"（这是本文所说的九卷本，详细情况后面叙述）一并进行了考证。本文写作时，关于诸版本的异同全部参照刘先生的研究，在此首先表示感谢。

下面对《戊戌政变记》的成书过程进行探讨，并试图解明《戊戌政变记》诸版本的关系及其历史意义。

---

[1] 《戊戌政变记》，洋装3册，广智书局，刊年不记，京都大学中哲文研究室藏。同《饮冰室合集·专集》第1册，中华书局1936年版。

[2] 刘凤翰：《梁启超〈戊戌政变记〉考异》，《袁世凯与戊戌变法》，台北传记文学出版社1979年再版；原载《幼狮学报》第2卷第1期，1959年；《〈清议报〉一至十期对〈戊戌政变记〉的刊载》，同上所收，1964年稿。

一、《清议报》上的《戊戌政变记》

署名"任公"的《戊戌政变记》最早刊载于《清议报》创刊号（1898年12月23日）的"支那近事"专栏。标题下面有个简短声明，谓"政变记凡八篇，卷帙太繁，今先将第四篇登载于报中"。第四篇"政变前记"包括第1章"政变之总原因"和第2章"政变之分原因"。当时梁来日本已两个月，尽管他倾注了满腔热望奔走于日本政界，呼吁营救光绪皇帝，但没有取得看得见的成果[1]。在这种情况下，为了让内外人士了解政变的实际状况和自己的政治主张，以唤起舆论，梁构想出《戊戌政变记》八篇，开始在其主编的机关刊物《清议报》上连载。他自然是兴致勃勃的。

《清议报》连载《戊戌政变记》的具体顺序为，第2册为第五篇"现今政府之详情"的第1、2章，第3册为第2（续）、3章，第4册为"谭嗣同传"，第5册为"政变近报"，第6到8册为康广仁、杨深秀、杨锐、林旭、刘光第的传记（附烈宦寇连材传）。第9—10册是"光绪圣德记"（附谭烈妇传），至此连载结束。

---

[1] 拙文《初期到日本的梁启超》，广东省康梁研究会编：《戊戌后康梁维新派研究论集》，广东人民出版社1994年版。

但与此同时，日本《东亚时论》[1]也刊登了《戊戌政变记》，两相比较，可知《清议报》登载的并非梁启超所撰原稿的全部。具体地说，《东亚时论》第2号（杂录栏）刊载的是"第四篇政变始末"的第1章和第2章的一部分，第3号刊载的是题目改为"政变前记"的第2章的其余部分，以及题为"辩诬"的第3章[2]。大概该杂志收到了三章的全文，但编辑考虑到版面的限制，分两期进行了连载。

《东亚时论》第2号登载的时间与《清议报》的创刊时间大致相同，因此可以断定该杂志刊载的并非转载于《清议报》，而是梁启超"寄"去的。不知为什么没有《戊戌政变记》这一总题目，但构想中的"第四篇"当初被定为"政变始末"。而在第3号上，将其改为与《清议报》上所载一致的"政变前记"。"辩诬"长达3500字，是根据史实对当时日本政界舆论的批驳。日本政界的主流当时对康梁持批判态度，认为"变法过于激进所以失败"。不知

---

[1] 《东亚时论》(半月刊)是日本的亚细亚主义者于1898年11月创立的团体"东亚同文会"的机关刊物。创刊号上未注明出版日期，但如果从第3号（1899年1月10日）之后的出版周期来看，有可能是1898年12月10日，第2号可能是12月25日。另外，第2号"杂录"栏里同时刊载了《横滨〈清议报〉叙》一文。

[2] 第3章的结尾记有"未毕"字样，好象应该继续连载，但第4号之后却中断了。

道梁为什么没有将该文刊在自己办的《清议报》上。当然，也可能是因为从"政变记"的角度来看，"辩诬"带有余论的性质。

《东亚时论》第 4 号上登载的是"圣德记"全部 15 章[1]。这在后来的单行本中被当作"附录三"，为《清议报》第 9、10 册所载"光绪圣德记"的全文。"光绪圣德记"中，第 1 章相当于《清议报》第 2 册的"本馆论说"《论皇上舍位忘身而变法》，标有"见前第二册"而省略了文章，其实在两个月前就出来了。第 5 号以下的《东亚时论》，不再登载《戊戌政变记》。这时发生了康有为的离日问题，梁启超与东亚同文会的部分会员之间生出了一些磨擦，另外，两家杂志所载文章如此重复交错或许也是停载的一个原因。总之，这期间的经过充分反映了梁启超暗中摸索着写作《戊戌政变记》的奋斗过程。梁启超所构想的八篇的具体内容不详，《清议报》第 4 册的目录中印有"第五篇"，只是误植，谭嗣同等六君子的传记大概相当于第六篇。以后的《清议报》就不再有篇次的记载，第 5 册的"政变近报"，无论从其标题来看，还是从集中了慈禧太后一派无道的传闻、诉说政情紧迫的内容来看，都是脱离

---

[1]　《东亚时论》上有九个地方缺字。其中一条是伊藤博文谒见光绪帝的场面："暨日相伊藤博文来游请觐，上亦赐之坐"，另外八条是对西太后的诋毁性表现。可以看出是该杂志的编者采取的措施。

了总体构想，对应局势的应时之作（最终单行本中省略掉了）。因此，即使将"光绪圣德记"包含在内，《戊戌政变记》也只是在登载了当初构想的一半途中，突然出版的单行本。

二、《戊戌政变记》九卷本的刊行

这一突然的决定，是因为局势突变，使梁启超认识到必须赶快出版《戊戌政变记》全文。这就是所谓"己亥建储"事件的发生[1]。梁后来在总括政变后三年概况的时候，作为"中国存亡绝续之所关"事件，曾历数"戊戌之政变、己亥之立储、庚子之国难"[2]。那是梁对抗从根本上反对拥护光绪帝的改革的政敌们的一个策略。

在已经停止连载《戊戌政变记》的《清议报》第 11 册（1899年4月10日）上，刊登了《戊戌政变记成书告白》。广告词中写到："戊戌八月之变，实为中国存亡绝大关系，惟其事之本末，层类曲折，知之者少，今有局中人某君，将事之源委编辑成书，托本馆代印代售""记载详尽，议论精明，将中国将来之局言之了如指

---

[1] "己亥建储"之事见于《清议报》第 9 册 "东报译编" 栏《皇帝废立》的报道。

[2] 《清议报全编》出书广告，《新民丛报》第 42、43 号。

掌，有心人不可不读之书也"。全书共 10 卷，其内容为"一、变法实情；二、废立始末记；三、政变前记；四、政变正记；五、变法后记；六、殉难烈士传，余附录四卷"。10 卷中正文 6 卷，如果无视文字上的细微差别的话，是与九卷本相同的。把本来设想中的 8 卷压缩为 6 卷，其篇目上的不同自不待说。而从"今已印成，定于四月中旬出书，如欲购者，随时函告本馆及代派处可也"中可以得知，预告出版的时间是旧历四月中旬，即阳历五月下旬。

在下一册《清议报》上的"成书告白"中，全书"十卷"被改成了"九卷"，虽说"今已印成"，但实际上正在印刷之中。在后来的第 14 册（5 月 10 日）的"成书告白"中，定价也公布出来了，先是印有"四本定价洋八角，邮费在内"，后来又将其涂掉，在旁边改为"三本定价洋六角，邮费另计"。由此可知，出版《清议报》第 14 册时还在印刷中的《戊戌政变记》一书，终于装订好了，定价也最后决定了。

如预告所示，《戊戌政变记》在 5 月下旬终于出版。根据日本秘探的报告[1]，"自五月二十三日始"三册本的《戊戌政变

---

[1] 明治 32 年 5 月 26 日，神奈川县知事浅田德则向外务大臣青木周藏的报告，外务省记录：各国内政关系杂纂，支那之部，革命党关系，1—440082。

记》被"悉数颁布于欧洲、美国、新嘉坡、香港、其他清国人居留之地"。报告还称该书为"清国人康有为及梁启超等于居留地百三十九番清议报馆发行之《清议报》中选拔文章编纂而成,专论清国政治得失及国体当如之何"。

九卷本的《戊戌政变记》就这样刊行了。其内容包括上述正文六篇及附录的"变法起源记""湖南广东情形"和"圣德记",被标为第1至第9卷。关于各卷内容与《清议报》上所载的《戊戌政变记》各部分的对应关系,一如刘凤翰先生的研究所示,这里不予详述。但是第五篇"政变后论"的第2、3章,采用了《东亚时报》创刊号登载的梁启超的寄稿,这一点将在后面说明。

三、《戊戌政变记》订正九卷本的刊行

作为单行本刊行的《戊戌政变记》,到了第二年春又"再版"了[1]。后来又屡次再版,1903年出版了"订正第十版"(订正九卷本)。根据《新民丛报》第26号(1903年2月26日)的广告,

---

[1] 《再版〈戊戌政变记〉成书告白》,《清议报》第41册,价格与以前相同,仍为"六毫",原来的三册分装成四册。

它被改成了"洋装全二册","减价三角半"。

这一时期,在梁启超等人看来,出现了与三年前同样的废弑皇帝的动向[1]。但这并没有成为梁订正的理由。关于订正的理由,被解释为"计自出版以至于今,除本社自行重版数次,而各处之翻印者,复不可胜数,则其销流之广,价值之高,可想而知,惟各处翻印之本,每多错误,贻害读者不少"。因而"本社今以各处购求者尽众,乃据原稿,重行精心校印发售,书成无多,请速购取"。这里所说的"各处翻印之本,每多错误,贻害读者不少",作为订正"理由"有些牵强附会。各处翻印本即"赚钱第一"的盗版书,的确有很多错误,比如,文海出版社影印用的原本,与被认为是《新民丛报》社刊行的京都大学东洋史研究室藏本相比,非常明显的误植随处可见,大概可算是这种颇多错误的"翻印之本"。但是,因此就将其当作订正本社版本的口实,实在令人难以置信。必须订正的,归根结蒂应是本社版本的记述。

如前所述,我尚未看到订正九卷本。但是,可以认为,刘先生的"考异"作业中所用的"注明为第十六次版"的1958年1月初版、香港友方图书公司发行的原本,正是上面引用的广告中所

---

[1] 《政界时评》、《逆臣废弑之阴谋》,《新民丛报》第26号。

说的"订正第十版"的后印本。

据刘先生的考证，在订正九卷本中，被削除的有5处，修正的地方有42处。除去细小的字句的改正，有几处订正值得探讨，其中最重要的是有关袁世凯的评价问题。最初袁世凯曾被看成是戊戌变法的同情者，而在此则变成了叛徒，这大约是与刘先生所强调的袁的告密问题密切相关[1]。

其次，有关西太后的记述也被订正了。这基本上可以说是对原来的"过火"的谩骂词语的修正。在梁启超看来，西太后是"恶的权力化身"，无论怎么谩骂都不为过。《东亚时论》在刊登"圣德记"时，曾将类似的地方隐去。这对必须与清朝当局接触的日本亚细亚主义团体来说，可能是很自然的。康有为等人对西太后的攻击，被认为不仅仅是"暴露中华之隐微于外邦"，据说甚至引起了孙文一派的不快[2]。如此说来，既然这时西太后已开始消极地模仿戊戌变法，出现了所谓慈禧新政，那么可以肯定康梁的做法引起了周围同志和支持者的批判。

---

[1] 在此之前出现过稍有不同的张之洞的例子。张本来在《清议报》第2册里被列在"穷捕之士"的名单中，但到了九卷本时被删除了，后来遭到激烈批判。

[2] 明治32年1月24日，神奈川县知事浅田德则向外务大臣青木周藏的报告，外务省记录：各国内政关系杂纂，支那之部，革命党关系，1—440048。

另外的一个原因是,梁启超在来日当初曾将营救皇帝当作第一要务,而四年之后开始出现思想的转变,正象他开始执笔《新民说》所显示的那样,"国民"概念的提出已经占据其政治思想的中心位置。随着这一思想的变化,订正旧作就显得具有某种必要。比如第2卷第4章结尾部分(《清议报》载于第1册"论说"栏)"六经即为中国之宪法也"这段不甚周到的议论,就被删除了。

正是这些内在原因,促使梁启超在赴美之前匆忙地提笔作了修正。但为了不失去读者的信任,他找了一个借口,说订正的目的是力图避免盗版书的错误"贻害读者"。若根据"原稿""重行精心校印"的话,应该是校出一个和原版本一致的版本。那么,《新民丛报》社刊行的版本又是怎么回事呢?梁对此未加说明。不过从这一不充分的借口与内在的真实原因之间,可以窥探到他内心的矛盾。

四、《戊戌政变记》八卷本的刊行

1903年春刊行的《戊戌政变记》订正九卷本,似乎一直发售到1906年的夏季。《新民丛报》在1903年的每一期上都登载有该社或上海广智书局刊行的"《戊戌政变记》,洋装全二册,定价三角五分"的广告[1]。此后则基本上没有再登。1906 年夏季的第 80 号（5 月 8 日）、82 号（7 月 6 日）上所见的"《戊戌政变记》,三角五分"为最后的广告。"洋装全二册"字样不见了,但可以认为仍然是订正九卷本的广告。我们知道,《新民丛报》是在出到第 96 号（1906 年 11 月 20 日）时停刊的。停刊之前的第 95、96 号上登有包括 700 种以上的"本社发售各种书目",但是独独不见其中有《戊戌政变记》。

就广告的情况来看,可以说在 1905 年以后[2],订正九卷本的出现基本上被有意识地控制了。这种有些奇怪的状况持续一段之后,广智书局出版了《戊戌政变记》的八卷本。由于没有注明日期,不知是何时出版的,但可以推定是在《新民丛报》停刊后

---

[1] 刊载这一最后广告的《新民丛报》第 38、39 合刊号的封底上的刊行日期是 1903 年 10 月 4 日,但《东邦协会会报》第 108 号（1904 年 2 月 20 日）的"受赠书目"栏里可以看到该号,估计是翌年 2 月前后出版的。1904 年,只能在第 49 号"新民丛报社出版各书"中看到。

[2] 这期间,《新民丛报》第 56 号（1905 年 11 月 7 日）的"本社寄售各种新书价目"中有"《戊戌政变记》,减价四角",看来只能是原来的九卷本的减价广告。但不清楚为什么在这时候出售旧版书。

不久的事[1]。

据刘先生的考证，八卷本对订正九卷本作了9处删除和56处修正。最引人注目的是将九卷本的第5卷（第五篇）完全略去了，正因如此，故称之为八卷本。

如前所述，九卷本的第5卷"政变后论"的第2、3章本来是与梁启超寄给《东亚时论》创刊号的文章一致的。梁的文章的题目是《论支那政变后之关系》，由第1章"支那与各国之关系"、第2章"关系之问题"、"第3章"日英政策旁观论"组成。其中的第1章成了九卷本的第2章，原第2章被删除了，第3章成了九卷本的第3章。该文呼吁英国和日本对控制了西太后和满洲守旧派的俄国予以抵制。删除了的第2章，实际上是将原来第1章的论点整理成15条，过渡到第3章，因此删除之后文章的总体构成应当说是更紧密了。

在《东亚时论》创刊号上，还登有梁的要求救援光绪皇帝的

---

[1] 广智书局一直坚持到1915年，1910年陷入了经营不良的状态（张朋园《广智书局（1910—1915）》，《"中研院"近代史研究所集刊》第28期）。八卷本的刊行首先可以认为是在《新民丛报》停刊到1910年间的事情，但由于停刊时订正九卷本已停止发售，故八卷本的准备作业很可能在1906年秋已经开始，如果是这样的话，可以推定不久就出版了。

《上副岛近卫两公书》[1]，由此可见，梁的寄稿大概是对这一请求信的解说。就是说，这是在所构想的《戊戌政变记》八篇之外的。假如是这样的话，那么删除这一作为紧急关头的应对之策，回到《戊戌政变记》原来的构想，毋宁说是符合梁启超的愿望的。另外，经过日俄战争之后，依靠英国和日本来推进中国的改革这条路线已经失去了意义，就此来说，九卷本中也自然应该删去第五篇。

附带说，《戊戌政变记》的执笔带有要援救光绪皇帝这一背景，删去这种背景影响下的叙述部分而编辑成八卷本，正体现了梁本人与日本的关系的变化。

八卷本中削除和订正的部分超过上次的削除和订正，其中最重要的地方是删去了满族人根本不具备改革能力这一论点，以及西太后破坏变法的记述。这可能与下面的事情不无关系，即从1905年到第二年，清政府派出五大臣考察欧洲宪政，而梁启超从暗中给予了配合。果真如此的话，或许八卷本中的改订可以看作是梁向清政府"靠拢"的一个隐讳的证明。这样就容易理解，为

---

[1] 其内容与梁来日后致大隈重信首相等政界要人的信相同，《东邦协会会报》也同时登载了。

什么过去《新民丛报》社出版的九卷本现在成了广智书局出版的八卷本。

五、结语

从以上的考证可知，梁启超在 1898 年末完成了《戊戌政变记》的构想，开始自《清议报》创刊号起进行连载，在中途中断连载后于翌年 5 月最初作为九卷本刊行，随后于 1903 年春又出版了订正九卷本。进而又于 1907 年左右经过进一步的订正而出版了八卷本。[1] 每一次的订正虽然不能说很周到[2]，但是从中可以把握到梁启超根据需要被迫进行大幅度订正的姿态。

《戊戌政变记》的三种单行本的出版，大体上分别与《清议报》和《新民丛报》的刊行时期，以及《新民丛报》停刊后的时期（即《政论》的刊行时期）相对应。因此，这可以说是一面

---

[1] 刘先生的"考异"认为，在订正了九卷本（他谓之"初印本"）的错误的基础上，首先出现的是八卷本（他谓之"合集本"），然后为了根据八卷本恢复九卷本的原貌，出现了订正九卷本（即刘先生所说的"十六次版本"）。

[2] 比如《东亚时论》登载的"圣德记"中被删除的对于西太后的骂辞，就没有被全部订正。

镜子，它从某种角度反映了随着时间的推移梁启超的思想和行动所起的变化。

梁启超在后来曾自诩《戊戌政变记》的价值，谓"后之作清史者记戊戌事，谁不认为可贵之史料"，但同时也认识到了自己的不足，"然谓所记悉为信史，吾已不敢承认，何则？感情作用所支配，不免将真迹放大也"。[1]这里所谓"感情作用所支配"，不用说首先是对九卷本的谦辞，另外，虽然没有明言，但也是对自己被迫再三修正的批判。《戊戌政变记》不仅仅是关于"戊戌政变"的一部"信史"，同时也可以从中窥见在近10年的岁月里梁的思想变化的轨迹。就此而言，它具有非常重要的双重意义。

（原载《近代史研究》1997年第4期）

---

[1]《中国历史研究法》第5章第二"鉴别史料之法"，《饮冰室合集·专集》第16册，第91页。

参考文献

梁启超著,林志钧编:《饮冰室合集》文集·专集,中华书局 1991 年影印本。

梁启超著,夏晓虹编:《〈饮冰室合集〉集外文》,北京大学出版社 2005 年。

梁啓超著、小野和子訳注『清代学術概論』東洋文庫、平凡社、1974 年。

梁啓超著、高嶋航訳注『新民説』東洋文庫、平凡社、2014 年。

丁文江、趙豊田編、島田虔次編訳『梁啓超年譜長編』全五卷、岩波書店、2004 年。

《强学报》全 3 册,上海,1896 年 1 月 12—20 日。

《时务报》全 69 册,上海,1896 年 8 月 9 日—1898 年 8 月 8 日。

《清议报》全 100 册,横滨,1898 年 12 月 23 日—1901 年 12 月 21 日。

《新民丛报》全 96 册,横滨,1902 年 2 月 8 日—1907 年 11 月 20 日。

《新小说》全24册,横滨、上海,1902年11月14日—1906年1月。
《政论》全5册,东京、上海,1907年10月7日—1908年7月8日。
《国风报》全52册,上海,1910年2月20日—1911年7月16日。
《庸言》全30册,天津,1912年12月1日—1914年6月5日。
《民报》全26册,东京,1905年11月26日—1910年2月1日。

浅原達郎「"熱中"の人―端方伝（7）」、『泉屋博古館紀要』第11巻、1995年。

吾妻兵治重訳（ブルンチュウリ著）『国家学』、善隣訳書館、1898年。

石井忠利『戦法学』、善隣訳書館、1899年。

石川禎浩「梁啓超と文明の視座」、狭間直樹編『共同研究　梁啓超―西洋近代思想受容と明治日本』みすず書房、1999年。

石川禎浩、狭間直樹編『近代東アジアにおける翻訳概念の展開』、京都大学人文科学研究所、2013年。

井波陵一、古勝隆一、池田巧『清華の三巨頭』、研文出版、2014年。

王宝平「康有為『日本書目誌』出典考」、『汲古』第57号、2010年。

大久保利謙編『津田真道全集』上、みすず書房、2001年。

岡本隆司、箱田恵子、青山治世『出使日記の時代』、名古屋大学出版会、2014年。

小野川秀美『清末政治思想研究』、みすず書房、1969年。小野川秀美『清末政治思想研究』増補版（東洋文庫）、平凡社、2009年。

小幡儼太郎『日本警察新法』、善隣訳書館、1899年。

加藤弘之訳(ブルンチュウリ著)『国法汎論』、明治文化研究会編『明治文化全集』補巻2、日本評論社、1971年。

小島淑男『留日学生の辛亥革命』、青木書店、1989年。

『近衛篤麿日記』第2巻、鹿島研究所出版会、1968年。

小林武、佐藤豊『清末功利思想と日本』、研文出版、2011年。

権哲純「大韓帝国期の『国家学』書籍におけるブルンチュウリ・梁啓超・有賀長雄の影響」、『埼玉大学紀要（教養学部）』第48巻第1号、2012年。

佐藤慎一『近代中国の知識人と文明』、東京大学出版会、1996年。

重野安繹『大日本維新史』、善隣訳書館、1899年。

島田虔次『中国思想史の研究』、京都大学学術出版会、2002年。

沈国威『近代日中語彙交流史―新漢語の生成と受容』、笠間書院、1994年。

高柳信夫編著『中国における「近代知」の生成』、東方書店、2007年。

陳力衛『和製漢語の形成とその展開』、汲古書院、2001年。

鄭百秀『コロニアリズムの超克―韓国近代文化における脱植民地化への道程』、草風館、2007年。

『内藤湖南全集』第2、4巻、筑摩書房、1971年。

永井算已『中国近代政治史論叢』、汲古書院、1983年。

中江篤介訳(フイエ著)『理学沿革史』(第4編　近代ノ理学)、『中

江兆民全集』第 5、6 巻、岩波書店、1984、1985 年。

中村義『白岩龍平日記―アジア主義実業家の生涯』、研文出版、1999 年。

『日本外交文書』第 31 巻第 1 冊、日本国際連合協会、1954 年。

西順蔵、坂元ひろ子訳 (譚嗣同著)『仁学』、岩波文庫、1989 年。

狭間直樹編『共同研究　梁啓超―西洋近代思想受容と明治日本』、みすず書房、1999 年。

狭間直樹「初期アジア主義についての史的考察」、『東亜』2001 年 8 月―2002 年 3 月。

狭間直樹「譚嗣同『仁学』の刊行と梁啓超」、『東方学』第 110 号、2005 年。

狭間直樹「西周のオランダ留学と西洋近代学術の移植」、『東方学報』第 86 冊、2011 年。

藤谷浩悦「戊戌政変の衝撃と日本―日中聯盟論の模索と展開」、研文出版、2015 年。

船山信一『明治哲学史研究』、『船山信一著作集』第 6 巻、こぶし書房、1999 年。

松尾洋二「梁啓超と史伝」、狭間直樹編『共同研究　梁啓超―西洋近代思想受容と明治日本』、みすず書房、1999 年。

宮崎滔天『三十三年の夢』、岩波文庫、1993 年。

宮村治雄『開国経験の思想史―兆民と時代精神』、東京大学出版会、

1996 年。

　森時彦「生計学と経済学の間」、『東方学報』第 72 冊、2000 年。

　吉澤誠一郎『愛国主義の創成―ナショナリズムから近代中国をみる』、岩波書店、2003 年。

　蝋山政道『日本における近代政治学の発達』、ぺりかん社、1968 年。

后 记

我真正开始对梁启超的研究是1993年。在此之前，自20世纪50年代末踏上中国近代史研究这条路之后，我主要关心的是人民革命斗争史。中国虽然在军事、经济上的劣势显而易见，却能引导人民的主体性取得抗日战争的胜利，高举人民解放这面大旗，获得革命的成功而走向社会主义社会的建设，我被这样的中国吸引，曾认为只有革命、社会主义才体现了历史的发展方向。

当时，知识分子中拥有很高评价的萨特（Jean-Paul Charles Aymard Sartre）称赞中国的革命是"最人性的胜利"，"毋庸置疑值得爱的唯一胜利"。并非实存主义的我对这一社会思潮也感到愉快，乐在其中。1965年末，我有幸访华三个月，那时接触的北京大学的老师、学友等许许多多的人都是非常优秀的好人，所以这一想法完全没有动摇。然而,"文化大革命"以及"改革开放"政策的开始,让我注意到把中国史的发展作为人民革命斗争史的展开来认识,存在诸多问题。于是,我决定把重新审视整个世界史的近代置于远景,开始研究与革命相伴相随在历史潮流中发挥了巨大作用的改革思想。

京都大学人文科学研究所,肩负组织共同研究班的义务,选定中国近代史上最为重要的改革思想家之一梁启超为对象,题目定为"梁启超研究——以日本为媒介的西方近代认识"。副标题乃鉴于梁启超的重要行为与明治日本的文明史之成就关系密切,进而言之,也自觉反映了该研究乃日本学者之责任。1993年之后四年间的研究成果是《共同研究 梁启超》(みすず书房1999年版),与之同时进行的成果还有在岛田虔次先生指导下开展的梁启超年谱的翻译《梁启超年谱长编》(岩波书店2004年)。

无需赘言,本书广泛参考了海内外的研究成果,但更直接参考的是上述成果。撰写本书时得到了石川祯浩、高岛航两位的帮助。出版时得到编辑中山永基、马场公彦两位的帮助。谨向各位致以深深的感谢。

在今天的日本大概很少有人知道梁启超的名字。谨以此书,若能有助于大家理解在近代东亚文明圈的形成中,梁启超曾与日本有过这么密切的关联,从而加深历史认识,作为作者将会感到无比的高兴。

2016 年 3 月